Consagración personal a san José

Primera edición: 2021

Plaza San Andrés, 5
45002 –Toledo
www.edicionescoriesu.es
info@edicionescoriesu.es

ISBN: 978-84-18467-31-8
Depósito legal: TO 43-2021

Imprime: Ulzama Digital. Huarte (Navarra).
Printed in Spain

Santiago Arellano Librada

Consagración personal a san José

Mes de preparación para la
Consagración personal a san José

Prólogo del autor

Yo quisiera con esta publicación agradecer a san José todo lo que ha hecho por mí desde niño. Siempre estaba sobre el hogar su imagen junto con la de la Virgen del Pilar. Ante ellos rezábamos en familia el rosario. Yo llevo de segundo nombre el de José, por mi abuelo materno. Él siempre nos contaba la historia de José de Egipto y nos recordaba aquello de que «comenzaron a venir los siete años de hambre, tal como José había dicho, [...] Se sintió el hambre en toda la tierra de Egipto, el pueblo clamó a Faraón por pan; y Faraón dijo a todos los egipcios: Id a José, y haced lo que él os diga» (Gen 41,55).

Por familia de carmelitas (varios tíos de todas las ramas carmelitanas) he escuchado siempre lo de santa Teresa «todo lo que se le pide lo alcanza». Y yo también doy testimonio de eso por muchos favores que me ha hecho. Desde aparcar el coche hasta grandes favores.

Recuerdo con mucho cariño el 3 de diciembre de 2019, día de San Francisco Javier, en el que tuve la dicha inmensa de poder visitar al Papa Francisco. Estuve en su misa de la mañana y después, le pude saludar. Al enterarse mi hermana, que también tiene mucho amor a este Gran Santo por esta tradición familiar que hemos recibido, me dijo que cuando fuera a ver al Santo Padre, le pidiese una Encíclica hablando de la educación del varón católico y de la masculinidad, según San José. Cuando me fui a visitar al Papa, pude hablar con él y tras pedirle la bendición de varios enfermos, le mostré una foto de San José y le dije:

–Santo Padre, mi hermana que es navarra como San Francisco Javier, y si no se lo digo me mata (se sorprendía el Papa), me ha dicho que le pida una Encíclica sobre San José hablando de la educación del hombre católico, del varón católico en la masculinidad.

Él se sonrió, me saludó con afecto paternal y me animó para seguir adelante en la evangelización.

Uno podría pensar que se olvidó inmediatamente de eso que le pedí y seguramente ya tenía en el corazón escribir algo a San José, mucho antes de que yo le dijera nada, pero ¿por qué no pensar también que el Papa escucha la voz de una hija suya, de una mamá que quiere educar a su hijo? Me hace también ilusión pensar que, junto con otras muchas peticiones, la que le hizo mi hermana llegó al Santo Padre y quiso escribir esa carta apostólica *Patris corde* en que se habla de estas propiedades de su paternidad y en ese sentido, que la educación de todo varón será en aprender a ser padre como él. También le estoy agradecido a San José, por este detalle curioso.

Pero sé que lo de San José no es una devoción particular, sino que, como han dicho los Papas, San José es el santo más grande después de la Virgen María y, junto con ella, su vida está cargada de detalles de santidad, sencillez, de bondad, de fidelidad, confianza en Dios, amor…

A San José se le confían todas las vocaciones: la religiosa, la sacerdotal, la familiar, los trabajos, la buena muerte… y hasta la Iglesia universal está confiada a él. El 8 de diciembre de 2020, se celebró el 150 aniversario de su proclamación como Patrón de la Iglesia Universal. El Papa, por este motivo, ha publicado la citada carta apostólica a San José *Patris corde* (con corazón de padre) convocando, además, un año jubilar en su honor. Por ello, me llena de profunda alegría y me hace muchísima ilusión, que este libro salga publicado precisamente en este año tan importante en el que San José estará muy presente y derramará grandes gracias y favores.

En este libro encontrarás 31 meditaciones pensadas para realizarlas durante un mes para poder preparar la consagración personal a San José en el que cada día, podrás conocer y profundizar sobre su devoción, aspectos de su vida que te descubrirán cómo era y cómo actúa, pues cada día intento poner algún ejemplo de su intercesión. Todo este mes de preparación, culminará con la consagración a él, para así ser todo de José, para ser todo de María y así ser todo de Jesús. A Jesús por María y a María por José.

Recurramos siempre a San José. Consagrémosle nuestra vida entera, nuestra familia, todo lo que somos y tenemos. Que no nos cansemos de pedir que interceda por cada uno de nosotros. Pidamos su protección de manera especial en estos tiempos que atraviesa la humanidad. La familia y la Iglesia están siendo especialmente atacadas. San José es el custodio de la familia y de la Iglesia, pidámosle para que, con su ayuda, se adelante la hora del triunfo del Corazón Inmaculado de María y por Ella, el Reinado del Corazón del Hijo. Qué su corazón de padre nos enseñe a amar a Jesús, como él supo amarlo, y acudamos a él como padre protector nuestro. Y entre tanto, «Id a José, y haced lo que él os diga» (Gen 41,55).

Jesús José y María os doy el corazón y el alma mía. Unidos en esos tres corazones.

Santiago Arellano Librada, hnssc

Día 1
Preparación

Muy querido lector:

Hoy comenzamos nuestro mes de preparación para la consagración a San José para que, unidos a este santo y por él a su santísima esposa nuestra Madre la Virgen, podamos ser del todo consagrados a Jesucristo. A ellos tres les decimos desde el principio: Jesús, José y María, os doy el corazón y el alma mía.

San José fue declarado Patrón de la Iglesia universal por el Papa León XIII. El año pasado celebrábamos los 150 años de la proclamación de este título. Este Papa escribe así:

> Las razones por las que el bienaventurado José debe ser considerado especial patrono de la Iglesia, y por las que, a su vez, la Iglesia espera muchísimo de su tutela y patrocinio, nacen principalmente del hecho de que él es el esposo de María y padre putativo de Jesús. [...] José, en su momento, fue el custodio legítimo y natural cabeza y defensor de la Sagrada Familia. [...] Es, por tanto, conveniente [...] que, lo mismo que entonces solía tutelar en todo momento a la familia de Nazaret, así proteja

ahora y defienda con su celeste patrocinio a la Iglesia de Cristo[1].

Los grandes teólogos josefinos como recoge el doctor Francisco Canals Vidal, afirman que el lugar de San José por su matrimonio virginal con María y su relación con Jesús, se encuentra «en el orden hipostático, predestinado para la Encarnación redentora, le constituye según el sentir del pueblo, en padre de la Iglesia naciente en la familia de Nazaret»[2].

El papel de San José, está en el orden de la causa de la gracia y es mediador de todas ellas. Así lo manifestó el Papa Pío XI el 19 de marzo de 1935: «José es quien lo puede todo cerca del divino Redentor y cerca de su divina Madre».

En la festividad de San José de 1938, este Papa declaraba lo siguiente:

> La intercesión de José es la del esposo, la del padre putativo, la del jefe de familia; no puede dejar de ser todopoderosa, pues nada pueden negarle Jesús y María a José, que les consagró toda su vida y a quien realmente debieron los medios de su existencia terrestre[3].

Fíjense, José consagrado totalmente a Jesús y a María es *todopoderoso por gracia*. Como María y con María, con la que está desposado virginalmente. Al igual que decimos que la Virgen es la Señora del Sagrado

---

1. León XIII, *Quamquam pluries,* (Roma, 15 de agosto de 1889).
2. F. Canals, «San José, patriarca del pueblo de Dios», *Cristiandad* (1974): 517-518.
3. San Pío XI, *Festividad de San José,* (19 de marzo de 1935).

Corazón, tesorera de las gracias del Corazón de Jesús, entonces podemos pensar que San José, unido siempre a María, es también mediador de las gracias. Él ha sido puesto como padre de la Sagrada familia y, por tanto, padre espiritual de la Iglesia.

Los Papas le han confiado la Iglesia llamándole Patriarca del pueblo de Dios.

Los patriarcas son los padres y protectores del pueblo de Israel. Nosotros queremos consagrarnos a San José, es decir, ponernos bajo su patrocinio y protección. Queremos pedirle que, como Santa Teresa, sea nuestro Padre y Señor; o como escribió San Francisco de Sales a Santa Juana de Chantal el 19 de marzo de 1614: «San José, es el santo de nuestro corazón, el padre de mi vida y de mi amor».

La consagración es siempre a Cristo, como enseña San Luis María Grignon de Montfort. El bautismo es lo que nos consagra a Cristo y nos hace de Cristo, pero María y José por su función de padres, nos ayudan a llegar a Cristo y a consagrarnos más perfectamente a Él.

Así nosotros en este mes queremos prepararnos para consagrarle nuestros corazones, nuestras familias, nuestra vocación y todo lo que nosotros podamos confiarle: trabajos, parroquias, ciudades… Algunos países han nombrado a San José como su patrono: Austria, Bélgica, Canadá (1624), China (1678), Corea, Croacia, Vietnam, Perú y México (1557).

En las apariciones de Fátima, el 13 de septiembre de 1917, La Virgen anunció a los tres pastorcitos que al mes siguiente vendría San José con el Niño Jesús para bendecir al mundo. Y así fue. El 13 de octubre, el día del gran milagro del sol, narra Lucía en sus Memorias:

> Vimos al lado del sol a San José con el Niño, y a Nuestra Señora, vestida de blanco con un manto azul. San José con el Niño parecían bendecir al mundo con unos gestos que hacían con la mano en forma de cruz [...] Nuestro Señor parecía bendecir al mundo de la misma forma que san José[4].

San José bendiciendo al mundo, haciendo bien al mundo, al lado de María y con Jesús en brazos. Así lo está haciendo continuamente. Y así lo va a hacer con nosotros este mes.

Me contaban las carmelitas descalzas la eficacia de una novena de 30 días a San José, y el milagro que le hizo al Padre Gonzalo Mazarrasa al que llamé para enterarme. Resulta que le comentaron, que había que pedir algo imposible y que al final del mes se realizaría. Él no sabía que pedir y se lo confió a San José.

Él le dijo:

–Lo que tú quieras.

Realizó la oración y al finalizar el mes, le llama su madre y le dice:

–Ya podemos dar gracias a Dios. Tu hermano ha salvado la vida de milagro. (Su hermano es piloto de avión e iba en el vuelo de Aviaco para aterrizar en Granada).

---

4. Lucía de Fátima, *Memorias de Lucía*, (Madrid: Ed. Sol de Fátima, 1974), 152.

Todavía si uno pone en Internet «avión milagro» sale la noticia que reza así:

> El aeropuerto de *Granada* fue escenario, a las ocho y media de la tarde del 30 de marzo de 1992, de un grave accidente de un DC-9 de Aviaco, procedente de Madrid, que se partió en dos en el momento en que tomaba tierra. Todos los testigos temieron lo peor. Pero *solo uno de los heridos sufrió lesiones*. Ningún muerto. Desde entonces se le llamó «el avión milagro»[5].

Todos, querido lector, vamos en esta vida en un vuelo.

Recemos a San José para que nos proteja. Procura en este día rezar el Santo Rosario y dedicar un momento de silencio a la oración. Medita hoy en San José, bendiciendo al mundo. Pídele que te acoja como especial protector y que te prepare en este mes para consagrarte a él y por él, a Jesús y añade la petición que quieras hacerle en este mes por muy imposible que te parezca.

San José, esposo de la Virgen María, Padre y custodio de la Sagrada familia, celestial patriarca del Pueblo de Dios. ruega por nosotros.

Que Dios te bendiga querido lector y hasta mañana, si Dios quiere.

---

5. La increíble historia del «avión del milagro» que recordó «El Hormiguero»: *ABC*, (7 de septiembre de 2016), *https://www.abc.es/viajar/noticias/abci-increible-historia-avion-milagro-recordo-hormiguero-201609071213_noticia.html*

Día 2
San José, el justo

Muy querido lector:

Dentro de 29 días nos consagraremos a San José. Qué alegría saber que al unirnos a él, nos unimos de un modo especial también a la Santísima Virgen María, su esposa y junto con ellos, podemos ser más perfectamente consagrados a Jesucristo.

Vamos a meditar hoy el pasaje del Evangelio en que se nos dice que José era justo, en el Evangelio de San Mateo 1,19.

Esta virtud, siempre ha significado dar a cada uno lo suyo, el respeto de los derechos del otro, pero además en la Palabra de Dios el significado es más amplio y profundo; ya que conlleva el absoluto respeto a los derechos de Dios.

El Libro de Ezequiel dice:

> El que sea justo, no alce los ojos a los ídolos, no oprima a nadie, devuelva al deudor su deuda, no robe, dé pan al hambriento y vestido al desnudo, camine en mis mandatos y guarde mis leyes obrando rectamente [...] Ese es justo, vivirá, dice Yahveh. (Ez 18,5-9).

Santa Teresita del Niño Jesús, decía que le gustaba mucho el atributo de Dios de la justicia, porque como es justo, sabe que lo que nos corresponde en justicia a nuestra debilidad es Misericordia.

Eso es lo que dice el Salmo 116: «Yahveh es compasivo y justo, nuestro Dios es misericordioso. Yahveh guarda a los sencillos, estaba yo debilitado y me salvó» (Sal 116, 5-6).

El Padre Caffarel en un precioso libro llamado *No temas recibir a María tu esposa*, comenta así esta justicia de José:

> Nos hallamos lejos de un respeto formal de la ley, de un legalismo sin alma. José es «justo» porque se esfuerza incesantemente por encontrar el amor en la ley. Su justicia es, pues, una constante actitud de silencio y de escucha delante de Dios, una voluntad incondicional de vivir según Dios; y por esta razón se convertirá posteriormente en el gran modelo de las almas contemplativas.
>
> Para expresar con otra Palabra bíblica, muy cercana a «justicia», la magnífica paz y el amor ardiente que inundaban a José, emplearíamos indudablemente la de «sabiduría». [...] Quien se adhiere a la Ley, (alusión a la «justicia») logrará la sabiduría. [...] En ella se apoyará y no vacilará, a ella se adherirá y no será confundido (Ecl 15, 1-4)[6].

En el texto de la Sabiduría 8, 2 la sabiduría es aquí entendida como el don de Dios más alto, que hace que

1. Henri Caffarel, *No temas recibir a María, tu esposa: el matrimonio de la Virgen y San José*, (Madrid: Ediciones Rialp,1993), 22-23.

uno vea todo con los ojos de Dios y ame todo con el corazón de Dios.

En definitiva, se refiere a la santidad. Justicia y santidad se identifican. Vemos a San José recitando ese texto: «La amé y la busqué desde mi juventud, procuré enamorarme de ella enamorado de su belleza» (Sab 8,2).

San José es Justo, San José es santo. Y es aquí cuando el Magisterio de la Iglesia nos explica:

> No hay duda de que, a aquella altísima dignidad, por la que la Madre de Dios supera con mucho a todas las criaturas, él se acercó más que ningún otro. [...] El, participa en la excelsa grandeza de ella. Él se impone entre todos por su augusta dignidad[7].

San José es, por tanto, el santo más grande junto con la Santísima Virgen María que, sin duda, es la más excelsa.

Después de la Virgen María, nadie ha habido ni habrá más santo que José. Su cercanía a María y a Jesús le hizo alcanzar el más alto grado de santidad. Decía san Juan Damasceno: «José es esposo de María, nada mayor puede decirse».

San José es el camino más corto, más rápido y más seguro para llegar a María, mediadora de todas las gracias. La Virgen María a nadie amó más en la tierra, después de Jesús, que a José; lo amó con un amor total y esponsal.

---

7. LEÓN XIII, *Quamquam pluries*, (Roma, 15 de agosto de 1889).

San Bernardino de Siena decía: «siendo María la dispensadora de todas las gracias que Dios concede a los hombres, ¿con cuánta profusión no es de creer que enriqueciese de ella a su esposo San José?»

San Gregorio Nacianceno (330-390) escribió: «El Señor ha reunido en José, como en el sol, toda la luz y el esplendor que los demás santos tienen juntos»[8].

Si alguno objetase que San José no parece un santo grande por su sencillez, que escuche estas palabras del Papa Benedicto XVI: *«¡Para Dios, los grandes de la historia hacen de marco a los pequeños!»*[9]. Para estar atento a lo pequeño hemos de «detenernos, estar tranquilos, escuchar el silencio en el que el Señor hace oír su voz discreta»[10].

Vamos hoy a pararnos a considerar esta santidad de San José.

En este segundo día del mes, me gustaría contar un chiste que tiene mucho de verdad:

Cuentan que falleció José Mari y fue a las puertas del cielo y cuando llegó, le salió san Pedro a recibir y mirando las cualidades de su vida le dijo:

–Mira José Mari, lo siento, pero tú no has sido muy buen cristiano. Has fallado demasiado en la vida y, por

8. Michel Gasnier, *Los silencios de san José*, (Madrid: Ed. Palabra, 1980), 207.
9. Benedicto XVI, *Ángelus*, (Roma, 9 de diciembre de 2012).
10. Id., *Acto de veneración a la Inmaculada en la Plaza de España*, (Roma, 8 de diciembre de 2012).

tanto, sintiéndolo mucho te tengo que decir que tu sitio no está aquí.

José Mari le dice: –Bueno la verdad es que efectivamente no me merezco estar en el cielo y que no me he portado muy bien, pero de todas formas antes de marchar me gustaría saludar a un amigo que tengo ahí dentro.

San Pedro le pregunta: –¿y quién es tu amigo?

–Pues San José. Mi madre me ensenó a rezarle todas las noches y siempre le he querido mucho.

San Pedro le contesta: –Mira, lo siento, pero si no puedes entrar al cielo, no podemos llamar así sin más a nadie así que te tienes que marchar ahora mismo.

José Mari, al ver que va a cerrar la puerta se pone a gritar: –SAN JOSÉ, SAN JOSÉEEE.

En esto aparece San José, y le dice:

–Hombre José Mari, ¡qué alegría, como tú por aquí!

–Pues nada, que me he muerto y resulta que me dicen que no puedo entrar en el cielo y que me tengo que marchar y antes de irme quería saludarte.

–¿Cómo que no puedes entrar? Hombre, Pedro, déjale entrar que es un buen amigo.

San Pedro, le responde: –Mire Señor José, es que aquí hay normas y con ese expediente de vida que tiene este hombre, no puede pasar de ninguna manera.

–Bueno si es así, pues me voy yo con él que somos buenos amigos–, dice San José.

La Virgen al oír que San José se marcha dice: –Ah, pues si se va mi esposo, yo me voy con él.

Jesús, se acerca y contesta: –Yo siempre con mis padres.

El Padre eterno declara: –Si se va el Hijo, Yo con él.

El Espíritu Santo comenta: –Si los tres somos uno solo, no podemos separarnos así que nosotros también.

Al ver esto toda la corte de los ángeles y los santos se abalanzan hacia la puerta diciendo: –Si nosotros estamos para glorificar la Trinidad si se van, nos vamos todos.

San Pedro finalmente dice: –Vale, vale, todos quietos. Venga José Mari, pasa al cielo anda.

Esto está narrado a modo de chiste, pero la verdad es que históricamente muchas veces San José ha salido al paso de sus devotos, como iremos contando a lo largo de este mes.

San José es el santo más grade junto con la Virgen María, acudamos a él. Medita hoy en un momento de silencio esta justicia y santidad de José, reza el santo rosario y pídele que te conceda a ti también la gracia que le estás pidiendo en este mes y con ella pídele también que te conceda la santidad.

San José esposo de la Virgen María, padre y custodio de la Sagrada Familia, celestial patriarca del pueblo de Dios, ruega por nosotros.

Que Dios te bendiga querido lector y hasta mañana si Dios quiere.

Día 3
El poder de intercesión

Muy querido lector:

Dentro de 28 días nos consagraremos a San José. Qué alegría saber que al unirnos a él, nos unimos de un modo especial también a la Santísima Virgen María, su esposa y junto con ellos podemos ser más perfectamente consagrados a Jesucristo.

Vamos a meditar hoy un pasaje del Antiguo Testamento narrado en Genesis 41, 55. Son muchos los autores que citan como figura de san José a José, virrey de Egipto y aplican a san José este texto: «Id a José y haced lo que él os diga». (Gen 41, 55).

El Faraón, tuvo aquel famoso sueño de las siete vacas gordas y las siete flacas. José interpretó el sueño y vio con la luz de Dios que eran siete años de abundancia y siete de hambre y aconsejó al Faraón, recoger en la abundancia en graneros para distribuir en tiempo de hambre. Cuando escuchó esto, el Faraón dijo:

> ¿Acaso podremos encontrar un hombre como este en el que esté el Espíritu de Dios?». Y el Faraón dijo a José: «puesto que Dios te ha hecho conocer todo esto, no hay nadie tan sabio como tú. Estarás al frente de mi casa y todo mi pueblo acatará tus órdenes, solamente en el trono seré superior a ti». Y añadió el Faraón a José: «Mira,

te pongo al frente de toda la tierra de Egipto». Luego el Faraón se quitó el anillo de su mano y lo puso en la mano de José. El Faraón dijo: «Yo soy el Faraón, pero sin tu permiso nadie moverá mano o pie en toda la tierra de Egipto» (hasta ahí el texto de Gen 41,38-45).

En tiempos de hambre, el faraón dirigía a los egipcios hacia José para que éste les distribuyese el trigo acumulado en tiempos de abundancia y les decía: *Id a José*. De la misma manera, Dios nos dice en nuestros problemas: *Id a José*. Y así, como José fue virrey de Egipto y el más importante del reino después del faraón, José también es el virrey de la Iglesia, es decir, el santo más importante de todos.

San Bernardo (1090-1153) dice:

> Aquel José, vendido por la envidia de sus hermanos y llevado a Egipto, prefiguró la venta de Cristo: este José, huyendo de Herodes, llevó a Cristo a la tierra de Egipto. Aquel, guardando lealtad a su señor, no quiso consentir al mal intento de su señora; éste, reconociendo virgen a su Señora, Madre de su Señor, la guardó fidelísimamente, conservándose él mismo en castidad. A aquél le fue dada la inteligencia de los misterios en sueños; éste mereció ser sabedor y participante de los misterios soberanos. Aquel reservó el trigo, no para sí, sino para el pueblo; éste recibió el pan vivo del cielo para guardarlo para sí y para todo el mundo. Sin duda, este José, con

quien se desposó la Madre del salvador, fue un hombre bueno y fiel[11].

Hasta ahí san Bernardo, pero también los papas han utilizado esta comparación, por ejemplo, el Papa Pío IX, el 8 de diciembre de 1870, al nombrar a san José patrono de la Iglesia universal, dijo:

> De modo parecido a como Dios puso al frente de toda la tierra de Egipto a aquel José, hijo del patriarca Jacob, a fin de que guardase trigo para el pueblo, así, al venir la plenitud de los tiempos, cuando iba a enviar a la tierra a su Hijo unigénito Salvador del mundo, escogió a otro José, del cual el primero fue tipo o figura, a quien hizo amo y cabeza de su casa y de su posesión, y lo eligió como custodio de sus tesoros principales[12].

Esta misma comparación la han usado varios papas como León XIII, Pío XII y San Pablo VI. Y con ellos muchos autores sagrados. Esas palabras del Génesis «no hay nadie como tú, tan lleno del Espíritu de Dios, así pues, gobernarás mi casa y todo mi pueblo obedecerá tu voz». (Gén 41, 38 ss.).

Vemos que a San José se le ha dado poder y distribuye las gracias de Dios. Fíjense, José consagrado totalmente a Jesús y a María es *todopoderoso por gracia*. Como María y con María. José está totalmente consagrado a ellos. Por eso, ellos no le niegan nada.

---

11. San Bernardo, *Homilía super missus est,* 2, 16.
12. Papa Pío IX, *Quemadmodum Deus.* (Roma, 8 de diciembre de 1870).

Nosotros en este mes queremos prepararnos para consagrarnos a San José, que está totalmente consagrado a Jesús y a María. Lo hacemos para ser del todo y para siempre de Jesús y de María, por José. Si le preguntamos a Jesús y a María cómo podemos consagrarnos bien a ellos, ellos nos responderán: «Id a José». Él nos ayudará a vivir como él, consagrados totalmente, toda nuestra vida a Jesús y a María.

Hoy estamos considerando a José como intercesor. Es el administrador de las gracias y regalos, como José en Egipto. Vamos a probar a pedirle lo que más necesitamos.

Nuestro querido Papa Francisco en su viaje a Manila contó en un encuentro con miles de familias lo siguiente:

> Yo quisiera también decirles una cosa muy personal. Yo quiero mucho a san José. Porque es un hombre fuerte y de silencio. Y tengo en mi escritorio una imagen de san José durmiendo. Y durmiendo cuida a la Iglesia. Sí, puede hacerlo. Nosotros no. Y cuando tengo un problema, una dificultad, yo escribo un papelito y lo pongo debajo de san José para que lo sueñe. Esto significa para que rece por ese problema[13].

Fíjense qué sencillo. Es un modo de rezarle. Yo quisiera pedir a todos los que están realizando este mes de San José, que lo prueben. Compren un San José y si no, saquen el del Belén. No lo pongan solo en Navidad,

---

13. Papa Francisco, *Discurso del Santo Padre, encuentro con las familias,* (Manila, 16 de enero de 2015).

sáquenlo todo el año, y coloquen un papelito debajo con sus intenciones.

El director de cine Juan Manuel Cotelo, contaba hace bien poco que le llamó una monja argentina y le preguntó si tenía alguna necesidad material. Ella le explicó que tuviese durante un mes cojo a San José, poniéndole un papelito debajo con sus necesidades y que le dejase incómodo. Es de este modo, como había conseguido la casa central de Roma, colegios y muchas necesidades de todo tipo que tenían. Así lo hizo este productor de cine y consiguió al poco todo el dinero para realizar su preciosa película sobre el perdón.

Santa Teresa de Ávila decía:

> Tomé por abogado y señor al glorioso San José [...]. No me acuerdo hasta ahora haberle suplicado cosa que la haya dejado de hacer. Es cosa que espanta las grandes mercedes que me ha hecho Dios por medio de este bienaventurado santo...[14].

> Solo pido por amor de Dios que lo pruebe quien no le creyere y verá por experiencia el gran bien que es encomendarse a este glorioso patriarca y tenerle devoción[15].

Yo les aseguro que también lo he probado y funciona para bienes materiales y espirituales. Venga, ponga usted también cojo a San José.

Hace poco una chica a la que acompaño espiritualmente, me contaba que agradecía a San José el haberse

---

14. Santa Teresa de Jesús, *Libro de la vida,* cap.6, 6.
15. Ibíd., 6-8.

podido quedar embarazada. Los médicos les habían dicho que por la enfermedad de su esposo y el tratamiento que había recibido, era prácticamente imposible. Pusieron el papelito a San José, y ahora está a punto de dar a luz.

San José tiene más poder de intercesión que aquel José de Egipto. Consideremos hoy esta omnipotencia por gracia que comparte con su esposa María. Recuerdo a mi abuelo que nos contaba siempre la historia de José en Egipto y me conmovía.

Medita hoy en este texto y en su parecido con San José, reza el Santo Rosario y pídele que te conceda a ti también la gracia que le estás pidiendo en este mes y con ella, te otorgue también saber interceder por los demás.

San José esposo de la Virgen María, padre y custodio de la Sagrada Familia, celestial patriarca del pueblo de Dios, ruega por nosotros.

Que Dios te bendiga querido lector y hasta mañana si Dios quiere.

Día 4
San José, hijo de David

Muy querido lector:

Dentro de 27 días nos consagraremos a San José. Qué alegría saber que al unirnos a él nos unimos de un modo especial también a la Santísima Virgen María, su esposa y junto con ellos podemos ser más perfectamente consagrados a Jesucristo.

Meditemos hoy especialmente el texto del Evangelio de Mateo 1, en el versículo 20 se nos dice que: Se le apareció en sueños un ángel del Señor que le dijo: «José hijo de David». Así respetuosamente le habla el ángel a José. Él es el heredero de una raza. La humilde condición presente no significa nada: Es, en efecto, de sangre real y por ser de la casa y familia de David (como narra Lucas 2,4), irá a empadronarse en Belén, cuna de la dinastía.

Lo más importante es subrayar la divinidad de Cristo. Jesús es Dios y nació de María Virgen, pero a veces para defender esta verdad fundamental, lo han querido hacer poniendo a San José como viejo, feo y en la sombra. Lo que defiende la virginidad de María no es la vejez, sino la santidad de José.

Según algunos escritos apócrifos de los primeros siglos, José ya anciano con ochenta y nueve años, se habría casado con María, que tenía unos catorce o quince. Según estos libros apócrifos, José habría vivido hasta los ciento once, pasando unos veinte años con Jesús.

Estos libros, influyeron en la opinión de que San José era un anciano, que más que esposo era un padre para María, y que se habría casado con ella para salvar las apariencias ante la sociedad. Nada más fuera de la realidad. San José tuvo que hacer frente a todas las responsabilidades de una familia, lo que hubiera sido imposible si hubiera sido un anciano, que necesitaba cuidado y atención. ¿Cómo hubiera podido guiar a la Sagrada Familia por el desierto, con todos los peligros y con todo el esfuerzo que supone caminar veinte días hasta llegar a Egipto? Dios puso al lado de María un compañero y un esposo fuerte y vigoroso para defenderla de todos los peligros y para ayudarla en todas sus necesidades. Un esposo, que debió trabajar mucho para poder sustentar una familia pobre, especialmente durante su estancia en Egipto, donde no tenían familiares. Hablar de José como de un anciano enfermo es algo que sólo libros apócrifos y fantasiosos pudieron inventar.

José es joven. Seguramente no llegaría a los 20 años cuando contrajo matrimonio con María. Esa era la costumbre judía, casarse antes de los 20 años. José es descendiente de David, y de David se nos dicen varios datos. Cuando fue elegido como Rey, en primera Samuel 16,12 es que «era rubio, de hermosos ojos y buena presencia». También cuando fue a luchar con el gigante Goliat, dice que este, «fijó su mirada en David y lo despreció, viendo que era un muchacho rubio y de hermoso aspecto» (1ª Sam 17,42).

Lo despreció porque era joven y guapo. Se ve que para la guerra era importante ser feo, así asustabas al enemigo, pues no, David era hermoso. También sabemos que tenía fuerza física, ya que llegó a medirla con un león en el desierto. Esta nobleza, esta fortaleza y esta belleza seguramente las heredaría San José. Se dice: de tal palo tal astilla. El que estaba destinado a ser esposo virginal de la que el Cantar de los cantares, llama la más hermosa de las mujeres (cant 1,8). El que custodiaría como padre virginal al «más hermoso de los hijos de los hombres», tenía que mostrar ese aspecto noble que además traslucía la bondad y la verdad de su corazón.

El padre Tomás Morales, fundador de los Cruzados de Santa María, afirma:

> Aquí está san José: anchas espaldas para el trabajo, no pierde ni un segundo, está siempre adorando, está siempre trabajando, está siempre solícito, cuidando de la Virgen y, sobre todo, del Jesús niño. No tiene un instante libre, no piensa más que en amar, adorar y en trabajar para ellos. Aquí está san José. Es el ministro de relaciones exteriores de la Sagrada Familia. Él es el que se tiene que preocupar de todo en Nazaret, en los cuatro o cinco días de camino hacia Belén, en la gruta de Belén,

en Egipto después, en Nazaret y siempre relacionándose con todos[16].

El Padre Ángel Peña en su libro *San José el más santo de los santos*, recoge que, desde los primeros siglos, varios Santos Padres tuvieron que hablar de un San José joven, y no anciano y viudo.

San Jerónimo defiende su virginidad en su escrito contra Helvidio, dice él:

> Yo reivindico para mí [no solo que María fue Virgen] sino aún más, a saber, que también el mismo José fue virgen por María, para que del consorcio virginal naciese el Hijo virgen. En el santo varón no hubo fornicación y no se ha escrito que haya tenido otra mujer. De María fue custodio [...]; de donde se sigue haber permanecido virgen con María, quien mereció ser llamado padre del Señor.[17]

San Pedro Damián (1007-1072) escribió:

> No parece que fuese suficiente que sólo la Madre fuese virgen; [...] que también aquel que hizo las veces de padre ha sido virgen. Nuestro Redentor ama tanto la integridad del pudor florido, que no sólo nació de seno virginal, sino también quiso ser tocado por un padre virgen[18].

Santo Tomás de Aquino dice: «Se debe creer que José permaneció virgen, porque no está escrito que

---

16. Tomás Morales, *Homilía*, (2 de enero de 1985).
17. San Jerónimo, *Adversus Helvidium* 19: PL 23, 213.
18. San Pedro Damián, *Epístola 6 ad Nicolaum* II: PL 145, 384.

haya tenido otra mujer y la infidelidad no la podemos atribuir a tan santo personaje»[19].

Muchos santos de peso, como San Francisco de Sales, creen que José había hecho voto de virginidad antes de casarse con María. Lo que no se puede dudar es que, a partir de su matrimonio con María, cumplió santamente la voluntad de Dios de ser el custodio virgen, de la Virgen María. San José es maestro de castidad.

Cuentan los monjes de la Abadía de San José de Clairval:

> Una joven había hecho el voto de castidad. Habiendo tenido la desgracia de ser infiel a este compromiso, no tuvo la valentía de confesarse de su pecado. Desde entonces, con la profanación de los sacramentos, comenzó para ella una vida de remordimientos y tormentos. Se le ocurrió acudir a San José; durante nueve días, recitó devotamente el himno y la oración del Santo. Terminada la novena, la falsa vergüenza desapareció, y arrepentida pidió a su sacerdote el Padre Barry rogándole que publicara este favor de San José, ya que lejos de costarle, la confesión fue para ella una verdadera felicidad. Concluye esta chica diciendo: «Convencida por esta experiencia del poder y de la bondad de San José, llevo siempre su imagen sobre mi pecho con la resolución de no separarme de ella ni de día ni de noche. A

---

19. Santo Tomás de Aquino, *S. Th. III*, q. 28, a. 3.

partir de ese momento, he podido vencer las tentaciones impuras, y he recibido tantas gracias que no sé cómo agradecerlas»[20].

Meditemos hoy en esta nobleza de este hijo de David y en la belleza de la pureza de San José. Pidamos en un momento de oración y con el rezo del Santo Rosario, que se nos conceda la virtud de la castidad además de la gracia especial que pedimos durante este mes de San José.

San José esposo de la Virgen María, padre y custodio de la Sagrada Familia, celestial patriarca del pueblo de Dios, ruega por nosotros.

Que Dios te bendiga querido lector y hasta mañana si Dios quiere.

---

20. Abadía San José de Clairval, *Id a José,* (Francia: Traditions Monastiques, 2004), 91.

Día 5
San José carpintero y la importancia del trabajo

Muy querido lector:

Dentro de 26 días nos consagraremos a San José. Qué alegría saber que al unirnos a él, nos unimos de un modo especial también a la Santísima Virgen María, su esposa y junto con ellos podemos ser más perfectamente consagrados a Jesucristo.

Vamos a meditar hoy el Evangelio según San Mateo, en su capítulo 13, versículos 54 y siguientes:

> En aquel tiempo viniendo Jesús a su patria, les enseñaba en su sinagoga, de tal manera que decían maravillados: «¿De dónde le viene a éste esa sabiduría y esos milagros? ¿No es éste el hijo del carpintero? ¿No se llama su madre María...?» [...] Y se escandalizaban a causa de Él. Mas Jesús les dijo: «Un profeta sólo en su patria y en su casa carece de prestigio». Y no hizo allí muchos milagros, a causa de su falta de fe. (Mt 13, 54-58).

A Jesús no le debió gustar nada que despreciasen a su padre, por ser un humilde carpintero. No hizo milagros por su falta de fe. Cuanto le gusta a Dios servirse de la sencillez y cuanta grandeza pone y ve Dios detrás de esta aparente pequeñez.

El Papa Francisco el 1 de mayo de 2013, decía:

> En el evangelio de san Mateo, en uno de los momentos que Jesús regresa a su pueblo, a Nazaret, y habla en la sinagoga, se pone de relieve el estupor de sus conciudadanos por su sabiduría, y la pregunta que se plantean: «¿No es el hijo del carpintero?» (13, 55). Jesús entra en nuestra historia, viene en medio de nosotros, naciendo de María por obra de Dios, pero con la presencia de san José, el padre legal que lo protege y le enseña también su trabajo. Jesús nace y vive en una familia, en la Sagrada Familia, aprendiendo de san José el oficio de carpintero, en el taller de Nazaret, compartiendo con él el trabajo, la fatiga, la satisfacción y también las dificultades de cada día[21].

Dice el Padre Henri Caffarel:

> ¿Qué significa carpintero? No es un campesino ni un comerciante, sino el hombre de quien echa mano todo el mundo: el carpintero y carretero al mismo tiempo fabrica yugos, forja y trabaja construyendo y manteniendo viviendas. Atiende igual al labrador que quiere que se ocupe al instante del yugo roto o del arado torcido que a la mujer que va a comprarle un baúl o un cajón, al panadero que quiere una artesa nueva o al albañil que necesita jambas y dinteles para sus puertas. Fijémonos en lo que todos estos trabajos en madera y en hierro han supuesto para José: gracias a su oficio, conoce el valor de las cosas y del timpo, el precio del esfuerzo del hombre,

21. Papa Francisco, *Audiencia general*, (Roma, 1 de mayo de 2013).

la resistencia de los materiales, la dignidad del trabajo bien hecho y adquiere por todo ello una dignidad y una sabiduría nuevas. Y gracias también a su trabajo, gracias al desfile interminable de clientes, se sitúa en una encrucijada de contactos sociales, se enriquece con el múltiple conocimiento de los deseos, las necesidades, las ambiciones, las preocupaciones y en resumen de todo lo que es propio del hombre[22].

Es cierto que la riqueza humana de este oficio es grande. Además, por ser trabajo manual, le da tiempo a la contemplación a la vez que está serrando o martilleando un madero. José no vive acomplejado por ser carpintero, no olvidemos la grandeza de su antepasado que siendo rey había sido pastor.

El Papa Francisco sigue en aquel discurso, hablando de San José, de su trabajo de carpintero:

> Esto nos remite a la dignidad y a la importancia del trabajo. El libro del Génesis narra que Dios creó al hombre y a la mujer confiándoles la tarea de llenar la tierra y dominarla, lo que no significa explotarla, sino cultivarla y protegerla, cuidar de ella con el propio trabajo (cf. Gén 1, 28; 2, 15). El trabajo forma parte del plan de amor de Dios; nosotros estamos llamados a cultivar y custodiar todos los bienes de la creación, y de este modo participamos en la obra de la creación. El trabajo es un elemento fundamental para la dignidad de una persona. El trabajo nos «unge» de dignidad, nos colma de dignidad; nos hace semejantes a Dios, que trabajó y trabaja, actúa

---

22. Henri Caffarel, *Op. cit.*, 21.

siempre (cf. Jn 5, 17); da la capacidad de mantenerse a sí mismo, a la propia familia, y contribuir al crecimiento de la propia nación. Pienso también en las dificultades que, en varios países, encuentra el mundo del trabajo y de la empresa; pienso en cuantos, y no sólo los jóvenes, están desempleados, muchas veces por causa de una concepción economicista de la sociedad, que busca el beneficio egoísta, al margen de los parámetros de la justicia social [...]También san José tuvo momentos difíciles, pero nunca perdió la confianza y supo superarlos, en la certeza de que Dios no nos abandona[23].

San José, sigue siendo el patrono de los trabajadores y es muy eficaz para encontrar trabajo y ayudarnos en los apuros si se le pide con confianza.

Cuentan los monjes de la abadía de San José de Clairval:

Un sacerdote, dedicado durante muchos años al ministerio de las almas en Francia, era consultado frecuentemente por la superiora de un centro social de acogida dirigido por religiosas. Este centro, contaba con más de ochocientas mujeres arrepentidas de mala vida y prostitución que se habían refugiado allí para escapar de esa vida. La superiora recibía encargos de varios grandes almacenes de París y eso era lo que le permitía mantener a tanta gente.

«Entre nuestras ochocientas chicas, –decía ella a este sacerdote–, hay unas cuatrocientas que viven como

23. Papa Francisco, *Audiencia general,* (Roma, 1 de mayo de 2013).

verdaderas santas». En un momento dado, las industrias que proveían de trabajo al establecimiento cesaron los pedidos durante cierto tiempo. Se buscó en otro lado un proveedor, pero fue en vano. Ya casi todos los recursos estaban agotados, no se podía continuar más así. «Si no nos llegan auxilios, –dijo la Superiora al sacerdote director suyo–, hay que resignarse a morir de hambre, o despedir a nuestras pobres muchachas. Y si las despacho, ¿acaso no volverán a caer en el vicio y se perderán para siempre? ¿Qué tengo que hacer? El sacerdote le respondió: –Diríjase a San José, comience una novena en su honor con toda su comunidad.

La Superiora siguió el consejo. A los pocos días, aparece una señora con mucha agitación interior y le dice: –Permítame, Padre, contarle lo que me ha sucedido esta noche y pedirle consejo. He visto aparecer a un anciano venerable que, con un gesto amenazador, me ordenó ir en auxilio de un cierto convento. Desde ese momento, no tengo descanso y estoy presa de una gran agitación. Dígame, pues, Padre, lo que debo pensar de todo esto.

El sacerdote empezó a sonreír, sabiendo perfectamente de qué se trataba, y le contó todo lo que sabía respecto a la aflicción del establecimiento de acogida y sobre el recurso de las jóvenes a San José.

–¿No piensa Ud., dijo al despedirse de la señora, que San José oyó la oración de esas pobres chicas y quiso elegirla a Ud. como instrumento de sus misericordias? Sería Ud. digna de lástima si no hiciera caso al santo.

Al poco, recibió de su parte un sobre sellado con la suma exacta que necesitaban las religiosas, para volver a poner a todas a trabajar. Era la respuesta de San José a la invocación que le habían hecho[24].

Meditemos hoy en el carpintero de Nazaret y en su modo de santificar el trabajo, y pidamos en un momento de oración y con el rezo del Santo Rosario, que se nos conceda que se termine tanto paro como hay y la virtud de la laboriosidad ofrecida por amor, además de la gracia especial que pedimos durante este mes de San José.

San José esposo de la Virgen María, padre y custodio de la Sagrada Familia, celestial patriarca del pueblo de Dios, ruega por nosotros.

Que Dios te bendiga querido lector, y hasta mañana si Dios quiere.

24. Abadía San José de Clairval, *Op. cit.*, 46-48.

Día 6
Desposorios y noviazgo de San José y María

Muy querido lector:

Dentro de 25 días nos consagraremos a San José. Qué alegría saber que, al unirnos a él, nos unimos de un modo especial también a la Santísima Virgen María, su esposa y junto con ellos podemos ser más perfectamente consagrados al Corazón de Cristo.

Vamos a meditar hoy el texto del Evangelio de San Lucas 1, 26: «El ángel fue enviado a una doncella desposada, con un varón cuyo nombre era José».

Desposada quiere decir prometida en matrimonio, pero que no cohabitan. Por eso la Virgen dirá al ángel: «no conozco varón». Es el modo de decir que no tiene relaciones sexuales con ningún varón, porque se ha comprometido con José a un matrimonio virginal. Antes de ese matrimonio hubo un noviazgo y un conocimiento mutuo. La pregunta es ¿cómo supieron José y María que estaban destinados el uno para el otro?

El Padre Caffarel dice:

> Según todas las apariencias José y María habrían pasado su infancia y juventud en Nazareth y esta proximidad les habría permitido conocerse. María como toda

joven israelita, gozaba de bastante libertad: podía cuidar los rebaños, ir a buscar agua a la fuente, hacer visitas o espigar en los campos detrás de los segadores. Nada impedía pues encontrarse con José, lo mismo que con los otros jóvenes. Sin embargo, en algún momento han pensado el uno en el otro de modo distinto, en algún momento se han enamorado.[...]

Hemos de evitar dos tentaciones. La primera calcar los sentimientos de dos jóvenes cualesquiera que se atraen mutuamente.

No hay que olvidar que María y José son seres extraordinarios por su santidad, entregados totalmente al Señor y cuyo amor sólo podía surgir de esta luz.

Hay que apartar de ellos totalmente la impureza y el engaño. La otra tentación sería sustraerlos de la condición humana y negar que entre ellos hubiera podido nacer un amor auténtico.[...]

Esto no es así, entre estos dos seres nacerá el amor humano, el amor más grande que haya florecido nunca en esta tierra [...]. Normalmente se va en la relación del amor humano al amor de Dios. Aquí el orden es inverso: es Dios el primer conocido y el despierta en cada uno el amor hacia el otro[25].[...]

Hélène Monguin, en su precioso libro *Santos de lo ordinario*, nos explica a propósito del conocimiento y noviazgo de Luis Martín y, Celia Guerin, los padres santos de Santa Teresita del Niño Jesús:

---

25. Henri Caffarel, *Op. cit.*, 26-29

Celia sólo tenía al mismo Espíritu Santo para aconsejarla. Fue que Celia se cruza con Luis casualmente por vez primera. No sólo le impresiona vivamente su buena presencia, sino que además una voz interior le confirma: «es éste el que he preparado para ti».

Los dos jóvenes se conocen en abril (1858) y enseguida, se aman. Su compromiso se fija rápidamente: se prometen y, con el visto bueno del sacerdote que los prepara para el matrimonio, deciden casarse el 13 de Julio[26].

Fíjense queridos oyentes si este aviso sobrenatural ocurre a Santa Celia, ¿Cuánto más no ocurriría a la Santísima Virgen? ¿Cómo sería la confirmación que ella tuvo, para saber que era José el destinado para él?

La beata mística Ana Catalina Emmerich cuenta lo siguiente:

> María tenía catorce años y debía salir pronto del Templo para casarse, junto con otras siete jóvenes, […] El sumo sacerdote presentó unas ramas a los asistentes, ordenando que cada uno de ellos la marcara una con su nombre y la tuviera en la mano durante la oración y el sacrificio. Cuando hubieron hecho esto, las ramas fueron tomadas nuevamente de sus manos y colocadas en un altar delante del Santo de los Santos […] Obedeciendo a las órdenes del Sumo Sacerdote, acudió José a Jerusalén y se presentó en el Templo. Mientras oraban y ofrecían sacrificio pusiéronle también en las manos una

---

26. Hélène Monguin, *Santos de lo ordinario. Louis y Zélie Martin, padres de Santa Teresita de Lixieux*, (Madrid: Homolegens, 2009), 31.

vara, y en el momento en que él se disponía a dejarla sobre el altar, delante del Santo de los Santos, brotó de la vara una flor blanca, semejante a una azucena; Así se supo que éste era el hombre designado por Dios... María, lo aceptó humildemente, sabiendo que Dios todo lo podía, puesto que Él había recibido su voto de pertenecer sólo a Él[27].

Hasta aquí esta mística. María vio en aquella flor blanca, el signo sobrenatural de quién estaba destinado a ser su esposo virginal.

Pero podemos imaginar cómo irían después hablando poco a poco de sus llamadas respectivas y dedicarían tiempo a la oración. Ellos se confían, callan y oran. José no se cansa de mirar a María y María de mirar a José. Han renunciado a la entrega carnal, pero no a la dulzura de la presencia física y a la comunión de proyectos. A través de José, María presiente el poder creador del Señor, el sentido profundo de una laboriosa actividad. José a través de María, ve reflejada la inmensa ternura divina y el valor de la contemplación y la entrega. Se complementan y cada uno aporta al otro. Armonía del modo masculino y femenino en comunión y en riqueza de matices, sin dominios ni tensiones.

Después de un tiempo de conocimiento y discernimiento, una ceremonia oficial sellaría su acuerdo, lo

---

27. Ana Catalina Emmerick, *Visiones y revelaciones completas*, tomo 2. (Asociación para la difusión de los relatos de A. C. Emmerick), 68-69.

que se llaman los esponsales. A partir de ese momento estaban oficialmente desposados.

El P. Caffarel, explica cómo eran los desposorios de la época:

> Pero los desposorios de entonces eran muy distintos de los de ahora: se trataba de un compromiso formal, un matrimonio en el que sólo faltaba la cohabitación, la prometida ya no podía ser repudiada más que con un libelo de divorcio, si moría el prometido a ella se le consideraba viuda. El hijo concebido en este periodo era legítimo y si se la culpaba de adulterio se le hacía merecedora del castigo de lapidación. José y María del modo más limpio y justo se sometieron a la tradición. Se sentían felices porque la comunidad había reconocido el lazo con el que Dios los unía, pero más por pertenecerse el uno al otro[28].

Cuanto bien puede hacernos considerar este noviazgo, tan lleno de bondad ternura y pureza. Son el modelo de todo noviazgo. Aprender a amar así. Hemos de pedirle a San José que cuide el camino de los noviazgos, en primer lugar, haciendo que se conozcan los novios. Este santo es también muy bueno consiguiendo novio o novia. Una chica a la que acompaño espiritualmente desde hace años, me decía que hace unos meses había dejado cojo a San José colocando debajo de su imagen un papelito que decía: «Regálame un San José». Y así

---

28. Henri Caffarel, *No temas recibir a María, tu esposa: el matrimonio de la Virgen y San José*, Vol. 211 (Madrid: Ediciones Rialp,1993), 32-33.

ocurrió. San José le regaló un chico majísimo y ya tienen fecha de boda.

Meditemos hoy en el precioso y casto noviazgo entre José y María, y pidamos en un momento de oración y con el rezo del Santo Rosario, que se nos conceda un amor tan limpio y una intimidad tan profunda. Además, añadamos la gracia especial que pedimos durante este mes de San José.

San José esposo de la Virgen María, padre y custodio de la Sagrada Familia, celestial Patriarca del Pueblo de Dios, ruega por nosotros.

Que Dios te bendiga querido lector, y hasta mañana si Dios quiere.

Día 7
Vocación de San José,
dudas y anuncio

Muy querido lector:

Dentro de 24 días nos consagraremos a San José. Qué alegría saber que al unirnos a él, nos unimos de un modo especial también a la Santísima Virgen María, su esposa y junto con ellos podemos ser más perfectamente consagrados al Corazón de Cristo.

Vamos a meditar hoy la vocación de San José, sus dudas y discernimiento. El texto del Evangelio de san Mateo 1, 18 nos dice: «Ahora bien, el origen de Jesús como Mesías fue así: desposada su madre María con José, antes que ellos convivieran llegó a estar encinta por obra del Espíritu Santo». (Mt 1,18-19).

La ley común entre los que se disponen al matrimonio, dice que hay que contárselo todo. El ángel en la anunciación no pidió a María que callara. ¿Cómo no iba María a contar la confidencia divina con aquel que Dios había designado para ser su esposo?

Estoy seguro que María con profunda emoción le contó a San José la visita del ángel, su diálogo con él y el misterio de la encarnación virginal del Hijo de Dios.

María le reveló la maravilla y ambos guardaron silencio recogidos ante el misterio.

Dice el Padre Caffarel:

> Surge de José un canto de gratitud y de alabanza, así como una ardiente admiración por María: Esa Arca de carne en la que reposa el futuro Mesías; pero al mismo tiempo siente un dolor que poco a poco se hace lacerante[29].

Yo no puedo pensar que José dudase de la virginidad de María. Unos ojos tan limpios en una niña tan inocente, una confidencia tan gozosa y sobrenatural.

Con el Padre Luis María Mendizábal que así nos lo explicaba, yo creo que después de un rato San José con lágrimas en los ojos, le debió decir a la Virgen que Él no se sentía digno de acoger un misterio tan grande; que necesita rezar y pensar. San José conoce como buen judío los textos sagrados y aún más los de su antepasado David. Debió recordar el momento cuando iba a entrar el arca en su casa, no se sintió digno y dijo: «¿cómo voy a llevar a mi casa el arca de Yahvé?» (2 Sam 6,2-11).

El rey David la hizo llevar a casa de Obededóm el sacerdote, que ahí sabrían tratarla. San José, cree que lo mejor es que María vaya a casa de su prima Isabel donde el sacerdote Zacarías sabrá tratarla. José se pone triste por tener que perder a María, al menos hasta que vea algún signo de Dios, sobre lo que tiene que hacer. María entiende, tampoco sabe qué hacer, pero con pena

29. Henri Caffarel, *Op. cit.*, 50.

acepta lo que su prometido le pide. Y ahí sigue el texto de San Mateo: «María se levantó y por la zona montañosa, marchó aprisa hacia la región de Judá, a casa de Zacarías» (Mt 1,39-56). Estoy convencido de que San José le acompañó por aquellos caminos tan peligrosos.

Me alegró mucho ver sobre el techo del convento viejo de San Giovanni Rotondo (donde vivió y murió el Padre Pío), una pintura en que se muestra como San José acompaña a la Virgen hasta la puerta de Zacarías e Isabel.

San José, volvería a Nazaret. Se levanta pronto a rezar, se va a trabajar y lleva en el alma el deseo de hacer la voluntad de Dios; así tres meses de dolor. Y uno piensa en su bondad, en que está dispuesto a hacer la voluntad de Dios, aunque le pida que le entregue lo que él más ama, es decir a María. Con su razonamiento humano, él llega a pensarlo.

Así nos dice el texto del Evangelio: «José, su esposo, como era justo y no quería descubrirla, determinó dejarla secretamente». Imaginemos la alegría inmensa del anuncio en sueños:

> Cuando andaba él dando vueltas a esto, se le apareció en sueños un ángel del Señor, diciéndole: José, hijo de David, no temas recibir a María como esposa tuya, pues lo engendrado en ella efectivamente [Efectivamente dice el texto, la palabra original es «gar» es decir: «Efectivamente: como tu bien sabes»], es obra del Espíritu Santo. Así que dará a luz un hijo, y le pondrás por nombre Jesús, pues él salvará a su pueblo de sus pecados. (Y todo esto sucedió de modo que se cumpliera lo anunciado

> por el Señor por medio del profeta: Mira, la Virgen concebirá y dará a luz un hijo y le pondrán por nombre Enmanuel que, traducido, significa «Dios-con-nosotros»). En cuanto José despertó del sueño, hizo como le había ordenado el ángel de[l] Señor y recibió a su mujer, pero no se unía a ella; [ella] dio a luz un hijo, y [él] le puso por nombre Jesús. (Mt 1,19-24).

Con qué alegría, se despertó San José esa mañana. Enseguida envió un mensajero para que María volviese en cuanto pudiera. Por eso, María solo estuvo con Isabel unos tres meses, y volvió a su casa. Justo tres meses, el mismo tiempo que el arca estuvo en la casa de Obededóm antes de entrar en la casa de su antepasado David. Con qué alegría recibió San José a María, con qué cariño le contaría también su Anunciación, su vocación. El ángel le dijo que no tuviera miedo de recibirla como esposa y que él estaba destinado a ponerle el nombre a Jesús, es decir, que él tenía la misión de acompañar a María y de cuidar paternalmente a Jesús. Con cuanto gozo enseguida acordarían la boda y se pondrían a los preparativos. Qué importante es ser fiel a lo que Dios nos pide a cada uno.

Cuentan los monjes de la abadía de San José de Claraval:

> Una familia de Lyon tenía un hijo que parecía iba a ser su corona a los ojos de los hombres y a los ojos de Dios. Ese joven piadoso se sintió llamado a dejar el mundo y a consagrarse al Señor en la vida religiosa. Contrariados por esta determinación, sus padres se arrojaron a su

cuello, derramaron tantas lágrimas y le pusieron tantos reparos que lograron debilitar su resolución.

Ellos lo lanzaron entonces al mundo para modificar sus gustos, y el joven se dejó caer en la trampa demasiado fácilmente. Pronto despreció sus prácticas de piedad, se alejó de los sacramentos y se entregó a todos los desórdenes.

Para escapar a la vergüenza de los escándalos y a los reproches de sus padres, se alejó de su tierra y se alistó en el ejército. Su padre y su madre estaban desolados, abrumados por los remordimientos y la pena; casi no se animaban a dirigirse a Dios, después de haberle arrebatado su hijo para entregarlo al demonio. Pensaron en dirigirse a San José para obtener a la vez su perdón y la conversión de su hijo. Comenzaron entonces una novena con varias personas piadosas y rogaron con el fervor más intenso.

Apenas llevaban unos días rezando, cuando el pródigo llamó a la puerta de la casa paterna y se arrojó humillado y llorando a los pies de sus padres. Estaba completamente cambiado. El padre y la madre estallaron en sollozos y abrazaron y perdonaron a este hijo que de nuevo quería vivir como verdadero cristiano, y responder a lo que el Señor le pidiera. La alegría volvió con él al hogar[30].

Esta familia vivió agradecida para siempre a San José que ayuda a que cada uno de nosotros hagamos la voluntad de Dios, aunque nos duela.

---

30. Abadía San José de Clairval, *Op.cit.*, 135-136.

Meditemos hoy en estas dudas de San José, y pidamos en un momento de oración y con el rezo del Santo Rosario, que se nos conceda estar dispuestos a perder incluso lo que más amamos con tal de hacer la voluntad de Dios.

San José, esposo de la Virgen María, padre y custodio de la Sagrada Familia, celestial patriarca del pueblo de Dios, ruega por nosotros.

Que Dios te bendiga querido lector, y hasta mañana si Dios quiere.

Día 8
El matrimonio de José y María

Muy querido lector:

Dentro de 23 días nos consagraremos a San José. Qué alegría saber que al unirnos a él, nos unimos de un modo especial también a la Santísima Virgen María, su esposa y junto con ellos podemos ser más perfectamente consagrados al Corazón de Cristo.

Vamos a meditar hoy el matrimonio de José y María.

Tenemos narradas en el Evangelio unas bodas, las bodas de Caná. En ellas vemos cómo era una boda judía y cómo debió ser la boda de José y María. En esta época, las bodas de Israel son motivo de grandes festejos a los que asisten muchas personas y que duran varios días. Como explica el Padre Caffarel:

> Se celebran preferentemente en otoño, porque, una vez recogida la cosecha y acabada la vendimia, los desplazamientos son más fáciles y la tranquilidad del trabajo permite prolongar las veladas.
>
> Se invita a familiares y amigos, y amigos de amigos [...]. La gente se instala no solo para los dos días de la ceremonia, sino para siete, y a veces más, entre banquetes danzas cantos y diversos festejos.

Por lo que sabemos, el ritual propiamente dicho, estaba impregnado de alegría, pero también de solemnidad. En una palabra: era algo regio. La diadema que luce la novia, sus alhajas, el dosel bajo el que se sienta para recibir los regalos, hacen de ellos un rey y una reina.

Todo se desarrolla en dos jornadas: La primera se dedicaba al rey, la segunda a la reina. El primer día, el novio, vestido con traje de fiesta, se corona con una diadema, en recuerdo quizá del rey Salomón. A su alrededor se forma un cortejo encabezado por uno de sus mejores amigos, llamado oficialmente «el amigo del esposo». Al son de instrumentos, se dirigen a casa de la novia, que los está esperando ataviada con sus mejores galas y luciendo sus joyas; pero se encuentra cubierta por un velo y sólo se descubrirá en la alcoba nupcial. Rodeada por sus propias amigas, ocupa su puesto en el cortejo y todos juntos regresan a casa del novio cantando cánticos nupciales como el del cantar de los cantares o el salmo 45 que dice: «Escucha, hija, mira, inclina el oído, olvida tu pueblo y la casa de tu padre. Prendado está el rey de tu hermosura, pues él es tu señor, póstrate ante él... Toda radiante de gloria entra la hija del rey, su vestido está tejido de oro; entre brocados es llevada al rey...» (Sal 45).

El ceremonial propiamente religioso tiene lugar en la casa del novio. Los padres del novio expresan sus deseos y bienvenida.

La velada transcurre después entre músicas y bailes. La novia permanece con sus amigas en una estancia que le ha sido asignada[31].

31. Henri Caffarel, *Op. cit.*, 58-62.

El segundo día es el de la reina. A la caída de la tarde, la esposa ocupa su asiento bajo un dosel y se dispone a recibir los regalos. La rodean las «damas de honor» con lámparas encendidas. Tras el desfile de regalos, llega el novio, que no lleva nada más que a sí mismo.

Él es el regalo, él es el que se da, y colma a la reina de poéticos elogios. Imaginemos a San José preparándose unos poemas y unos piropos a la Virgen y allí con todo el cariño dedicándoselos mirándole a los ojos.

Si estas celebraciones eran lo común para todos, imaginemos para José descendiente de David y para la que iba a ser llamada Reina de cielos y tierra, para los que iban acoger en su familia al Rey de Reyes y Señor de Señores, Jesucristo.

La beata Mística Ana Catalina Emmerick, cuenta:

> Las bodas de María y José, que duraron de seis a siete días [...]. He podido ver muy bien a María con su vestido nupcial[...]. Llevaba en la mano izquierda una pequeña corona de rosas blancas y rojas de seda; en la derecha tenía, a modo de cetro, un hermoso candelero de oro. [...]. San José llevaba un traje largo, muy amplio, de color azul con mangas anchas [...].
>
> He visto todos los pormenores de los esponsales de María y José: la comida de boda y las demás solemnidades[32].

Creo que es importante que consideremos hoy que el matrimonio de José y María fue un verdadero

32. Ana Catalina Emmerick, *Op. cit.*, 70-71.

matrimonio, a pesar de que nunca hubo entre ellos relación carnal. El Espíritu Santo reconoce en el Evangelio: José, esposo de María, de la que nació Jesús, llamado Cristo (Mt 1, 16). José era verdadero esposo de María y entre ellos había un verdadero matrimonio.

Analizando la naturaleza del matrimonio, tanto san Agustín como santo Tomás de Aquino, la ponen siempre en la indivisible unión espiritual, en la unión de los corazones, en el consentimiento, elementos que en aquel matrimonio se han manifestado de modo ejemplar. En el momento culminante de la historia de la salvación, cuando Dios revela su amor a la humanidad mediante el don del Verbo, es precisamente el matrimonio de María y José el que realiza en plena libertad el don esponsal de sí, al acoger y expresar tal amor[33].

Dice san Agustín: María pertenece a José y José a María, de modo que su matrimonio fue verdadero matrimonio, porque se han entregado el uno al otro. Pero ¿en qué sentido se han entregado? Ellos se han entregado mutuamente su virginidad y el derecho de conservársela el uno al otro. María tenía el derecho de conservar la virginidad de José y José tenía el derecho de custodiar la virginidad de María. Ninguno de los dos puede disponer y toda la fidelidad de este matrimonio consiste en conservar la virginidad[34].

---

33. San Juan Pablo II, *Redemptoris Custos*, 7, (Roma, 15 de agosto de 1989).
34. San Agustín, *De nuptiis et concupiscentia*, 1, 12.

Es verdad que si hoy en día un matrimonio excluyese tener hijos sería un matrimonio nulo. Pero ocurre en este matrimonio único en la historia que, siendo un matrimonio virginal, es un matrimonio fecundo, no por la carne, pero si en el Espíritu.

Como dijo el Papa León XIII:

> Su matrimonio fue consumado no en la carne sino con Jesús. María y José se unieron con Jesús; María y José no pensaron más que en Jesús. Amor más profundo ni lo ha habido ni lo habrá ya nunca en esta tierra. San José renunció a la paternidad de la sangre, pero la encontró en el Espíritu, porque fue padre adoptivo de Jesús. La Virgen renunció a la maternidad y la encontró en su propia virginidad[35].

El hijo de Dios quiso venir al mundo en el seno de esta familia.

> San Agustín, considerando que san Mateo escribe la genealogía de los antepasados de Jesús a partir de José, descendiente de David, dice que Dios reconoce que fue un verdadero matrimonio; pues, de otra manera, nunca hubiera sido posible llamar a Jesús, hijo de José[36].

El Papa León XIII dijo:

> El matrimonio es la máxima sociedad y amistad, a la que por su naturaleza va unida la comunidad de bienes. Dios le ha dado José a María, no sólo como compañero

---

35. SHEEN FULTON, *Nuestra Madre*, Ed. Paulinas, Madrid, 1953, 82-89.
36. P. ÁNGEL PEÑA, *San José, el más santo de los santos*, (Lima-Perú: 2008).

de vida sino también como testigo de su virginidad y también para que participase por medio del pacto conyugal en la excelsa grandeza de ella[37].

Y como decía San Juan Pablo II: «Precisamente, del matrimonio con María es de donde derivan para José su singular dignidad y sus derechos sobre Jesús»[38].

Cuantas veces San José ha ayudado a matrimonios material y espiritualmente.

Cuentan los monjes de la Abadía de San José de Clairval:

> Un abogado de origen judío, convertido por convicción, fue detenido por los nazis en 1939 y deportado al campo de Buchenwald, desamparando a su esposa Gertrudis y a su hija Irene, de 10 años de edad.
>
> Después de su partida, los nazis importunan a su joven mujer, y le proponen convertirse en «madre de honor» del Gran Reich. Ella rechaza el ofrecimiento y declara querer permanecer fiel a su esposo. Amenazada con sanciones, su situación se torna crítica. Llena de confianza, acude a San José y decide huir. Aunque desprovista de papeles oficiales, consigue una plaza para ella y su hija en un avión, el 1 de septiembre de 1939.
>
> Poco después, en plena noche, la despierta una voz de varón que le dice: «Gertrudis, no tomes ese avión, sino el anterior». Se pregunta si ha soñado... A punto

---

37. León XIII, *Quamquam pluries*, (Roma, 15 de agosto de 1889).
38. San Juan Pablo II, *Redemptoris Custos*, (Roma, 15 de agosto de 1989), 20.

de volver a dormirse, oye la misma voz que insiste: «No tomes ese avión, sino el que sale antes».

Al día siguiente, se entera de que el avión del 1 de septiembre de 1939 no pudo despegar a causa del comienzo de la guerra. Gertrudis pudo reencontrarse con su esposo y los tres se refugiaron en un convento de religiosas, y al final de las hostilidades pudieron volver a Alemania sanos y salvos, con la certeza de la intervención de San José y agradecidos a él[39].

Meditemos hoy en este matrimonio santo entre María y José, verdadero reflejo el amor de José del que luego tendría Cristo por su esposa la Iglesia. Pidamos en un momento de oración y con el rezo del Santo Rosario que nos conceda Dios santos matrimonios, que a los que están en dificultad les ayude y que todos tengamos en el corazón el amor que San José tiene por la Virgen María.

San José esposo de la Virgen María, padre y custodio de la Sagrada Familia, celestial patriarca del pueblo de Dios, ruega por nosotros.

Que Dios te bendiga querido lector y hasta mañana si Dios quiere.

---

39. Abadía San José de Clairval, *Op. cit.*, 36-38.

Día 9
San José, camino de Belén

Muy querido lector:

Dentro de 22 días nos consagraremos a San José. Qué alegría saber que al unirnos a él, nos unimos de un modo especial también a la Santísima Virgen María, su esposa y junto con ellos podemos ser más perfectamente consagrados al Corazón de Cristo.

Vamos a meditar hoy el camino de José y María hacia Belén:

Como dice San Ignacio de Loyola, es bueno verlos primero en Nazaret, luego en el camino y luego en Belén. Contemplamos primero en Nazaret a María que es la esclava del Señor (*ancilla Domini*), la que acepta (mujer del *fiat*, del hágase), y lo hace con alegría (mujer del *Magníficat*).

Ella embarazada de nueve meses del Niño Dios, al que no veo, pero está. Ella es la custodia que trae a Dios escondido, como escondido está tras los velos blancos de la apariencia de Pan. Dios se deja traer y llevar como en la Eucaristía. Y también contemplamos a José, el hombre justo que entiende y protege a María, educado por los ojos puros de María. Ambos están con actitud de abandono confiado; sabían que el Mesías tenía que nacer en Belén, y ellos están en Nazaret con todos los preparativos. San José prepararía la cuna, María las ropitas para el niño...

Entonces, es cuando leemos en el Evangelio de San Lucas:

> Ahora bien, sucedió que, en aquellos días, salió un edicto del emperador Augusto para que fuera empadronándose todo el orbe. Éste fue un primer empadronamiento durante el mandato de Quirino en Siria, y todos se encaminaban, para empadronarse, cada cual a su ciudad. También José, por su parte, subió desde Galilea, de la ciudad de Nazaret, a Judea, a la ciudad de David que se llama Belén por ser él de la casa, o sea, del linaje de David para hacerse empadronar con María, su esposa y eso que estaba encinta. (Lc 2,1-7).

Tienen que dirigirse a Belén. Ya han encontrado el motivo del que la providencia se ha servido. Hay un decreto del emperador, hecho por vanidad. Les hace caminar más de 120 kilómetros, por aquellos caminos con peligro de salteadores y fieras. La actitud de José y María no es de queja, es de obediencia a la voluntad de Dios. Abandonan todo preparativo. Como dice San Juan de la Cruz ellos viven ese: «olvido de lo creado, memoria del Creador; atención a lo interior y estarse amando al Amado»[40].

Y resulta que como dice San Ignacio, nosotros tenemos que entrar ahí como un «esclavito indigno», o una pobre *ancilla*, sirvienta.

---

40. San Juan de la Cruz, *Letrillas, Suma de la perfección.*

Les acompaño, tratando de no estorbar su contemplación, con silencio y reverencia, quiero servirles.

Dice la beata mística Ana Catalina Emmerich que en el camino hacia Belén también sufrieron muchos desprecios.

> Hoy he visto a los viajeros que eran rechazados en varias casas. Seguían un sendero más uniforme. La Virgen desmontaba a ratos, siguiendo a pie algunos trechos. A menudo se detenían en lugares apropiados para tomar alimento. Llevaban panecillos y una bebida que refresca y fortalece, [...]. Recogían bayas y frutas de los árboles y arbustos en los lugares más expuestos al sol [...]. La primera diligencia de José, cuando llegaban a un lugar, era buscar un sitio donde María pudiese sentarse y descansar cómodamente [...].
>
> Era de noche cuando llegaron a una casa aislada. José llamó y pidió hospitalidad; pero el dueño de casa no quiso abrir. José le explicó la situación de María, diciendo que no estaba en condición de seguir su camino y agregando que no pedía hospedaje gratis. Todo fue inútil: aquel hombre duro y grosero respondió que su casa no era una posada, que lo dejaran tranquilo, que no golpeasen a la puerta. Ni siquiera abrió la puerta para hablar, sino que dio su respuesta desde el interior[41].

Y ahí dice San Ignacio podemos «mirar y considerar lo que hacen, así como es el caminar y trabajar, para que el Señor nazca en suma pobreza, y al final de tantos trabajos, de hambre, de sed, de calor y de frío, de injurias

41. Ana Catalina Emmerick, *Op. cit.*, 9-10.

y afrentas, para morir en cruz; y todo esto por mí; después reflexionando sacar algún provecho espiritual»[42].

Y llegamos a Belén y dice el Evangelio: «Y resultó que, cuando estaban ellos allí, [...] para ellos no había sitio en la posada» (Lc 2,1-7).

Podemos imaginar a San José, como dice Ana Catalina Emmerich:

> María se quedó tranquila, junto al asno, al comienzo de una calle, mientras José buscaba inútilmente alojamiento entre las primeras casas. Había muchos extranjeros y se veían numerosas personas yendo de un lado a otro. José volvió junto a María, diciéndole que no era posible encontrar alojamiento; que debían penetrar más adentro de la ciudad. Caminaban llevando José al asno del cabestro y María iba a su lado. Cuando llegaron a la entrada de otra calle, María permaneció junto al asno [...]. José volvió lleno de tristeza al lado de María. Esto se repitió varias veces [...].
>
> José regresó lleno de tristeza, pues no había podido encontrar posada ni refugio. Los amigos de quienes había hablado a María apenas si lo reconocían. José lloró y María lo consoló con dulces palabras [...]. Al fin volvió José, tan conturbado, que apenas se atrevía a acercarse a María. Le dijo que había buscado inútilmente; pero que conocía un lugar, fuera de la ciudad, donde los pastores solían reunirse cuando iban a Belén con sus rebaños: que allí podrían encontrar siquiera un abrigo. José conocía aquel lugar desde su juventud[43].

---

42. SAN IGNACIO DE LOYOLA, *Ejercicios espirituales*, 116.
43. ANA CATALINA EMMERICK, *Op. cit.*, 17-18.

Así prepara Dios a José y a María para al éxtasis del nacimiento. Con total desprendimiento de todo. Humillación y abandono. Quizá María al ver la pobreza del portal y la humillación de la soledad, seguramente dijo: ¡Oh pobreza! Esto es lo que buscaba mi hijo con tanto hacerme abandonar, renunciar, humillarme, me ha quitado todo para que mi único tesoro sea él. Y dirigiéndose a su bebé en sus entrañas, quizá le dijo: Nace Niño Divino, hijo querido nace, que me vas a encontrar entera y solo para ti. Mis ojos para mirarte, mis manos para abrazarte, mis labios para besarte, mi corazón para amarte.

San José lo pasó muy mal para ir a Belén. Por eso, se compadece cuando alguien tiene necesidades para ponerse en camino.

Por ejemplo, una comunidad de religiosas de Estados Unidos, necesitaba un coche para servicio de los más pobres y de la evangelización y dicen ellas:

> Nosotras habíamos colocado junto a la estatua de San José en el vestíbulo de la entrada, la foto de un pequeño coche, con una nota explicativa de nuestra necesidad. Llegó marzo sin traer respuesta... pero, el miércoles de la última semana, un señor llamó por teléfono, diciendo que quería regalarnos un coche. Preguntaba si una Hermana podía acompañarlo al comercio, a fin de traérselo a su convento. Cuando el vendedor presentó el coche en cuestión, era exactamente el modelo representado en la foto; ¡un pequeño Ford azul oscuro! Ofrecieron en

seguida una Misa en acción de gracias a San José por concederles exactamente lo que necesitaban[44].

Meditemos hoy en este matrimonio santo entre María y José, que se hacen peregrinos de la voluntad de Dios. Que no se instalan en su comodidad, sino que se ponen en marcha para llevar a cabo los planes de Dios. Pidamos en un momento de oración y con el rezo del Santo Rosario que nos conceda a nosotros también ser peregrinos en este mundo, ni instalados y paralizados ni vagabundos sin saber nuestra meta, pedimos también la gracia que solicitamos para este mes.

San José esposo de la Virgen María, padre y custodio de la Sagrada Familia, celestial patriarca del pueblo de Dios, ruega por nosotros.

Que Dios te bendiga querido lector, y hasta mañana si Dios quiere.

---

44. Abadía San José de Clairval, *Op. cit.*, 62.

Día 10
San José en el nacimiento de Jesús, en Belén

Muy querido lector:

Dentro de 21 días nos consagraremos a San José. Qué alegría saber que al unirnos a él, nos unimos de un modo especial también a la Santísima Virgen María, su esposa y junto con ellos podemos ser más perfectamente consagrados al Corazón de Cristo.

Vamos a meditar hoy a San José en el Nacimiento de Jesús en Belén:

En el Evangelio de San Lucas capítulo 2, se nos narra:

> José subió a Belén para empadronarse con su esposa María que estaba en cinta, y sucedió que mientras estaban allí, le llegó el tiempo del parto y dio a luz a su hijo primogénito, lo envolvió en pañales y lo recostó en un pesebre, porque no había sitio para ellos en la posada. (Lc 2,4-7).

Qué misterio tan grande. Dios hecho niño, nace en Belén. El todopoderoso se hace débil. El que hacía temblar los montes en las teofanías del Sinaí, ahora tiembla de frío en un pobre pesebre. El que tiene vida eterna asume nuestra vida temporal para morir por nosotros.

Es un misterio grandísimo que nos ha de hacer meternos en la contemplación.

La beata Ana Catalina Emmerich cuenta lo que místicamente pudo ver de este momento:

> Vi a nuestro Señor. Era un pequeño Niño todo luminoso, [...] acostado sobre una alfombrita ante las rodillas de María [...]. Se movía y lo oí llorar. María tomó al Niño, lo envolvió en el paño con que lo había cubierto y lo tuvo en sus brazos, estrechándolo contra su pecho [...].
>
> El bebé ahora se movía, se estremeció por el frío extendiendo sus bracitos gritando. María con ternura le estrechó contra su corazón y con gran alegría lo calentó acercándole la mejilla. Le colocó una manta sobre su pequeño cuerpo y lo adoró con el mayor respeto y reverencia diciendo: «Bienvenido, mi Dios y mi Señor, y mi hijo».
>
> María llamó a José, que estaba aún orando con el rostro pegado a la tierra. Se acercó, prosternándose, lleno de júbilo, de humildad y de fervor. María le pidió que apretara contra su corazón el Don Sagrado del Altísimo, se levantó José, recibió al Niño entre sus brazos, y derramando lágrimas de pura alegría, dio gracias a Dios por el Don recibido del cielo.
>
> Más tarde vi a María y a José sentados en el suelo, uno junto al otro: no hablaban, parecían absortos en muda contemplación. Ante ellos, fajado como un niño común, estaba recostado Jesús recién nacido, bello y brillante. «¡Ah, decía yo este lugar encierra la salvación del mundo entero y nadie lo sospecha!».

> Después he visto que pusieron al Niño en el pesebre, arreglado por José con pajas, lindas plantas y una colcha encima [...]. Cuando hubieron colocado al Niño en el pesebre, permanecieron los dos a ambos lados, derramando lágrimas de alegría y entonando cánticos de alabanza[45].

Qué hermoso ver la actitud de San José ante el misterio: primero oraba con el rostro pegado en tierra. Luego prosternándose de rodillas con júbilo humildad y fervor, abrazando al Niño, llevándolo en brazos, y finalmente derramando lágrimas de alegría y cánticos de alabanza. No me extraña que San José sea maestro de vida interior, maestro de contemplación.

San José supo ver con los ojos de la fe y adorar el misterio. No olvidemos que San José veía un Niño envuelto en pañales y él creyó firmemente que era Dios y por eso lo adoró. A nosotros también se nos pide esta fe en la presencia real de Cristo en la Eucaristía y que le adoremos.

Hay un paralelismo precioso entre el misterio de Belén y el misterio Eucarístico: Belén significa en hebreo la casa del pan. María lo envolvió en pañales blancos. Hay que creer en un Dios que necesita pañales. En la Eucaristía Dios se viste de los pañales blancos de la apariencia de pan.

María, lo acostó en un pesebre y en la Eucaristía Jesús es recostado en el altar para ser ofrecido.

---

45. Ana Catalina Emmerick, *Vida de María Madre* (Madrid: Ediciones Sol de Fátima, 2005), 27-28.

El Niño se deja traer y llevar de los brazos de María, a los de José o a los nuestros. En la Eucaristía Jesús se deja traer y llevar a tu corazón. El Niño es la palabra eterna de Dios que no habla, no sabe aún pronunciar palabras. En la Eucaristía, muchas veces se muestra también, así como la palabra que guarda silencio. Misterio de revelación desde el silencio. ¿Qué sabe hacer un bebé? Solamente mendigar, sobre todo pedir amor. Así está también Jesús en la Eucaristía.

Esto es lo que entendió José, por eso sus actitudes de postración, adoración, emoción y alabanza. San José quiere llevarnos a adorar a Dios Eucaristía. Qué lástima aquellos que no saben que Jesús está realmente presente en la Eucaristía.

Hace poco me decía una señora que llevaba años acudiendo a Misa diaria, que creía que Jesús estaba solo de modo simbólico en la Eucaristía. Se maravillaba al descubrir que está con su cuerpo, sangre, alma y divinidad.

> Así le pasó también a una señora paralítica que era protestante y a la que llevaron a una casa de beneficencia de Canadá, puesta bajo el patrocinio de San José. Ella buscaba allí un alivio a sus sufrimientos. En absoluto planteaba ninguna conversión. De hecho decía a sus amigas: «¡Muy hábil sería el que me atrapara!». No conocía a San José, menos aún todos sus recursos para ganar un alma. Cada día del mes de marzo, las religiosas dedicadas a la atención de la casa rogaban a San José por la pobre paralítica. Sin que lo supiera, habían cosido en

uno de los pliegues de su vestido dos medallas, una de la Santísima Virgen y otra de San José.

Un día, una religiosa hizo que la conversación girara sobre San José.

–San José, continuó la protestante, yo no conozco a ese hombre, no lo he visto nunca. –¿Cómo, replicó la Hermana, usted está en una casa y no conoce al dueño? Y abriendo su libro de oficios, le presentó una estampa de San José. –¡Oh, qué bien está! Dijo contemplándolo; pero ¿quién es?

La buena Hermana se lo explicó lo mejor posible; y he aquí que, para gran sorpresa suya, la señora toma la estampita, la besa con respeto y pide que se la den para guardarla.

A partir de ese día, no tenía más consuelo que oír hablar de San José, que le contaran la vida que había llevado, las virtudes que había practicado. Ella tenía un hijo joven a quien unos amigos le estaban convenciendo para hacerse católico. Y precisamente en ese mes, el hijo vino a pedir permiso a su madre para hacerse católico el siguiente uno de mayo. Ella aceptó con gran firmeza y en cuanto marchó su hijo, llamó al capellán de casa y le dijo: –Quiero ser católica, ¡quiero ser bautizada al mismo tiempo que mi hijo! Tenga la bondad de instruirme.

La instruyeron, la prepararon y el 1 de mayo, se vio a la madre y al hijo al pie del altar de San José, mezclando sus lágrimas con el agua santa que corría sobre sus frentes. Y el último día del mes, estos nuevos católicos fueron confirmados y recibieron su primera comunión[46].

---

46. Abadía San José de Clairval, *Op. cit.*, 120-121.

Desde entonces y por intercesión de san José, ellos también se postraron de rodillas a adorar a Dios que está presente en la Eucaristía con su cuerpo, sangre, alma y divinidad.

Meditemos hoy en San José adorando al Niño Dios recién nacido en Belén y adoremos al Niño presente y vivo en la Eucaristía. Pidamos en un momento de oración y con el rezo del Santo Rosario que se nos conceda ser almas adoradoras del Santísimo Sacramento y pedimos también la gracia que solicitamos para este mes.

San José esposo de la Virgen María, padre y custodio de la Sagrada Familia, celestial patriarca del pueblo de Dios, ruega por nosotros.

Que Dios te bendiga querido lector, y hasta mañana si Dios quiere.

Día 11
San José, en la adoración de los pastores

Muy querido lector:

Dentro de 20 días nos consagraremos a San José. Qué alegría saber que al unirnos a él, nos unimos de un modo especial también a la Santísima Virgen María, su esposa y junto con ellos podemos ser más perfectamente consagrados al Corazón de Cristo.

Vamos a meditar hoy a San José en la adoración de los pastores:

> Había en la misma comarca unos pastores, que dormían al raso y vigilaban por turno durante la noche su rebaño. Se les presentó el ángel del Señor, y la gloria del Señor los envolvió en su luz; y se llenaron de temor. El ángel les dijo: «No temáis, pues os anuncio una gran alegría, que lo será para todo el pueblo: os ha nacido hoy, en la ciudad de David, un salvador, que es el Cristo Señor; y esto os servirá de señal: encontraréis un niño envuelto en pañales y acostado en un pesebre.» Y de pronto se juntó con el ángel una multitud del ejército celestial, que alababa a Dios, diciendo: «Gloria a Dios en las alturas y en la tierra paz a los hombres en quienes él se complace.» Y sucedió que cuando los ángeles, dejándoles, se fueron

> al cielo, los pastores se decían unos a otros: «Vayamos, pues, hasta Belén y veamos lo que ha sucedido y el Señor nos ha manifestado». Y fueron a toda prisa, y encontraron a María y a José, y al niño acostado en el pesebre. Al verlo, dieron a conocer lo que les habían dicho acerca de aquel niño; y todos los que lo oyeron se maravillaban de lo que los pastores les decían. María, por su parte, guardaba todas estas cosas, y las meditaba en su corazón. Los pastores se volvieron glorificando y alabando a Dios por todo lo que habían oído y visto, conforme a lo que se les había dicho (Lc 2, 8-20).

Qué hermoso pasaje y vemos como María da vueltas en su corazón y también podemos pensar las conversaciones que tuvieron María y José, y cómo también José daría vueltas en su corazón a todo esto. Qué alegría sería para José ver la transformación que el Niño había producido en el corazón de aquellos pastores que se marcharon glorificando a Dios. Ver cómo este niño es capaz, siendo tan pequeño, de arrancar la conversión de los corazones.

Cuenta la beata Ana Catalina Emmerich:

> San José acompañó a los pastores a la gruta, donde la Santísima Madre de Dios estaba sentada en el suelo al lado de la cuna en la que estaba el hermoso Niño de Belén. Y mientras miraban hacia abajo al pequeño Jesús, Él los miró, y emanó de su pequeña cara y ojos radiantes una corriente mística de amor divino y tocó los corazones sinceros de esos pobres hombres afortunados. Esto les produjo un cambio y renovación espiritual, llenándolos

con una nueva gracia y la comprensión del misterio de la Encarnación y de la Redención. Así viendo al Niño, entendieron lo que se les había dicho acerca del niño. Humildemente se arrodillaron ante el Niño Jesús y se postraron en el suelo, derramando lágrimas de alegría, y de adoración a su Dios. Luego comenzaron a cantar juntos las palabras y la melodía que el ángel les había enseñado. Cuando terminaron de cantar su hermoso himno, María habló con ellos exhortándolos a perseverar en el amor y el servicio del Señor. Cuando estaban a punto de salir, ella permitió que cada uno de ellos a su vez tuviera en brazos al Niño divino por un momento, y cada uno lloró lágrimas de alegría y gratitud. Luego se fueron, llenos de consuelo celestial y comprensión glorificando y alabando a Dios por todo lo que habían oído y visto. Y todos los que oyeron se maravillaban de las cosas que les decían los pastores. Al día siguiente, volvieron con sus esposas e hijos trayendo regalos de huevos y miel. Los hombres ayudaron a San José a hacer la gruta un poco más habitable[47].

Qué hermoso ver la transformación de aquellos rudos pastores en almas contemplativas enamoradas y convertidas en apóstoles. San José estaría feliz viendo esta trasformación, igual que desde el cielo presenció la conversión de Teresa de Lisieux también vinculada a este misterio de Navidad. Cuenta ella:

Era necesario que Dios hiciera un pequeño milagro para hacerme crecer en un momento, y ese milagro lo

47. Ana Catalina Emmerick, *Visión de la adoración de los pastores.*

hizo el día inolvidable de Navidad. En esa noche luminosa que esclarece las delicias de la Santísima Trinidad, Jesús, el dulce Niñito recién nacido, cambió la noche de mi alma en torrentes de luz... En esta noche, en la que él se hizo débil y doliente por mi amor, me hizo a mí fuerte y valerosa; me revistió de sus armas, y desde aquella noche bendita ya no conocí la derrota en ningún combate, sino que, al contrario, fui de victoria en victoria y comencé, por así decirlo, «una carrera de gigante».

[45rº] Se secó la fuente de mis lágrimas, y en adelante ya no volvió a abrirse sino muy raras veces y con gran dificultad, lo cual justificó estas palabras que un día me habían dicho: «Lloras tanto en la niñez, que más tarde no tendrás ya lágrimas que derramar...».

Fue el 25 de diciembre de 1886 cuando recibí la gracia de salir de la niñez; en una palabra, la gracia de mi total conversión[48].

Santa Teresita del Niño Jesús rezaba diariamente ante una imagen del Niño Jesús de su convento de Lisieux (Francia):

Oh pequeño niño, mi único tesoro, tú te me muestras todo radiante de Amor. Yo me abandono a ti. Oh Jesús, mi pequeño hermano, no quiero otra alegría que la de

48. Santa Teresa de Lisieux, *Historia de un alma*, (Burgos: Monte Carmelo, 2003), 117.

agradarte. Mi pequeño Rey, imprime en mi las virtudes de tu infancia.

Tenemos que pedir la conversión profunda de nuestros corazones no solo la primera conversión, sino también la más profunda, la del olvido perfecto de uno mismo. San José ayuda mucho en esta tarea.

Un hombre de cuarenta y siete años, cristiano practicante pero tremendamente egoísta y avaro se contagió de una enfermedad mortal. Solicita un lugar entre los pobres de un hospital. Pronto la religiosa encargada de la sala donde se encuentra, lo visita, le pregunta si es cristiano. Él, con notorio enfado, contesta:

«Poco importa eso, con tal que sea uno un hombre honesto». La religiosa le dice que hace falta algo más para ir al cielo, y él responde que ya asiste a misa todos los domingos. La hermana insiste que además un buen cristiano tiene otros deberes.

El enfermo, molesto por esta conversación, se vuelve del lado de la pared y comienza a mostrarse duro e irreverente y afirma que no piensa cambiar ni confesarse... La religiosa encargada le encomienda a San José y logra, no sin esfuerzo después de varios días, ponerle su medalla al cuello.

De pronto, hay un cambio en el enfermo y se encuentra feliz de poseer este objeto de piedad, pide conservarlo siempre, y hasta llevarlo consigo, si un día tiene que salir del hospital. Desde ese instante una transformación se opera en él. A esa rudeza que lo hacía inabordable, la sustituyen modales respetuosos; y cuando de nuevo le hablan de confesión, no opone ninguna resistencia y se confiesa con los sentimientos del más vivo arrepentimiento.

¡Oh! mi buena hermana, decía a la religiosa que lo cuidaba, después de su entrevista con el Señor Capellán. ¡Qué feliz soy! Esta vez, he confesado todos mis pecados; me ha costado mucho, es cierto, pero no he pagado demasiado caro la alegría que siento. ¡Cuánto me arrepiento de haber cumplido tan mal mis deberes en el pasado!

Desde ese momento, se le vio totalmente olvidado de sí mismo, siendo muy generoso y pendiente de los demás, empeoró en la enfermedad, recibió los santos sacramentos y desde ese momento hasta el final de su vida, edificó a sus allegados por sus sentimientos verdaderamente cristianos. Decía: «Morir después de haber hecho tanto mal y tan poco bien; es terrible». Minutos antes de morir tenía aún todo su conocimiento y repetía con un acento que emocionaba a los que lo rodeaban: «¡Dios mío, tened misericordia de mí!... ¡Santa María, rogad por mí, pobre pecador!... ¡San José, ayudadme a bien morir!». Con estas palabras expiró con paz y fue a recibir la recompensa de los amigos de San José[49].

Meditemos hoy en San José contemplando la conversión de los pastores. Pidamos en un momento de oración y con el rezo del Santo Rosario, que se nos conceda la profunda y verdadera conversión y pedimos también la gracia que solicitamos para este mes.

---

49. Abadía San José de Clairval, *Op. cit.*, 130-132.

San José esposo de la Virgen María, padre y custodio de la Sagrada Familia, celestial patriarca del pueblo de Dios, ruega por nosotros.

Que Dios te bendiga querido lector, y hasta mañana si Dios quiere.

Día 12
San José en la circuncisión y poner el nombre a Jesús

Muy querido lector:

Dentro de 19 días nos consagraremos a San José, qué alegría saber que al unirnos a él nos unimos de un modo especial también a la Santísima Virgen María, su esposa y junto con ellos podemos ser más perfectamente consagrados al Corazón de Cristo.

Vamos a meditar hoy en San José en la circuncisión y al ponerle el nombre a Jesús. Dice el pasaje del Evangelio de Lucas 2, 21: «Cuando se cumplieron los ocho días para circuncidar al Niño, le pusieron por nombre Jesús como lo había llamado el ángel antes de su concepción».

La circuncisión se había convertido para el pueblo de Israel en el signo de la Alianza, el matrimonio entre Dios y su pueblo. El mandato fue expresado a Abraham con mucho vigor. Dice Dios en el Génesis 17, 11: «circuncidad la carne de vuestro prepucio y ésa será la señal de mi pacto entre yo y vosotros… llevaréis en vuestra carne la señal de mi pacto para siempre, y el incircunciso que no se circuncidare, será borrado de su pueblo, rompió mi pacto».

Por tanto, es una obligación con el hijo varón, ya que fuera de la circuncisión no hay participación en el pueblo de Dios, no hay Alianza, no hay pacto de amor, no hay salvación. Sin duda fue San José el que recitó la hermosa fórmula de bendición diciendo: «Bendito seas, Eterno Dios, Rey del universo, que nos has mandado que este niño entre en la Alianza de Abraham nuestro padre». María respondería según costumbre: «que lo mismo que ha entrado en la Alianza de Abraham, pueda entrar también en el estudio de la Torah y en el cumplimiento de buenas acciones».

Aquel día Jesús se convirtió en hijo de Israel, un auténtico pequeño judío. La Encarnación exigía que fuera verdadero hombre, exigía por lo tanto un ambiente, una raza, una religión. Aquel que iba a fundar la Nueva Alianza tenía que llevar el signo de la antigua Alianza.

Cuenta Ana Catalina Emmerich:

> Al caer la tarde José fue a Belén y trajo consigo a tres sacerdotes [...].
>
> Ellos se pusieron de rodillas a derecha e izquierda del niño, y José se inclinó por encima de los hombros de los sacerdotes y sostuvo al Niño por la parte superior del cuerpo. Cada uno de los sacerdotes cogía de un piececito del Niño y el que realizaba la operación se arrodilló delante del Niño [...]. La incisión fue hecha con la punta curva de un cuchillo. El sacerdote exprimió la sangre de la herida y puso encima el ungüento. Después de haber vendado la herida se le envolvió de nuevo en sus pañales [...].

> El Niño Jesús lloró mucho después de la ceremonia de la circuncisión. He visto que José lo tomaba y lo ponía en brazos de María. María tomó al Niño llorando, se retiró al fondo se sentó cubierta con el velo y calmó al Niño dándole el pecho[50].

Podemos imaginar la alegría de José al ver realizado este signo de alianza en Jesús, y a la vez seguramente también el dolor al ver la primera sangre que este Niño iba a verter y escuchar su llanto. Pensemos que con estas pocas gotas de sangre hubiera bastado para redimir el mundo y, sin embargo, Jesús quiso derramar toda su sangre por nosotros, para mostrarnos el amor hasta el extremo que nos tenía. Son los agridulces de San José, dolor y alegría.

Lo que sin duda fue motivo de muchísimo gozo para él fue el ponerle el nombre. Eso es función del padre de familia, y que alegría al poder ser quien se encargara. Se lo había dicho el ángel como recordamos en Mateo 1,21: «Tú le pondrás por nombre Jesús, porque él salvará a su pueblo de sus pecados».

Qué alegría ponerle el nombre y este nombre. Dios salva, Dios te salva, eso significa Jesús. Por eso desde ese momento, nunca se le calló de los labios a José el dulce nombre de Jesús. Se volvería loco de amor cogiéndolo en brazos. Si le pasó a San Juan de la Cruz, como no le iba a pasar a San José, que le pillaron abrazado a una imagen del Niño Jesús y bailando con Él,

---

50. Ana Catalina Emmerick, *Vida de María Madre* (Madrid: Ediciones Sol de Fátima, 2005), 43-46.

enfervorizado cantaba: –«¡Si amores me han de matar, ahora tengan lugar!». Así San José invocando el nombre de Jesús, Dios salva.

Se cuenta que Santa Teresa de Jesús, yendo un día por las escaleras del Monasterio de la Encarnación en Ávila, se tropezó con un hermoso Niño. Sorprendida por ver un niño dentro de la clausura monacal, se dirigió a él preguntándole: –¿Y tú quién eres? El niño le replicó a su vez con otra pregunta: –¿Y quién eres tú? La madre respondió: –Yo, Teresa de Jesús. Y el niño sonriente le repuso: –Pues yo soy, Jesús de Teresa. Pues esto con más verdad lo diría San José: «yo soy José de Jesús» y Jesús diría: «Yo soy Jesús de José». Qué gozo ponerle el nombre recordando que este niño viene a Salvar con una Alianza de amor, aunque esta Alianza conlleve sangre.

Uno se pregunta cómo es que una herida en la carne puede ser signo de pacto de amor. Bueno, pues, quizá San José también nos puede ayudar a entender esto, aunque lo explique ahora como dice San Pablo «cum mica salis» con un punto de humor.

Soy uno de los confesores de las carmelitas descalzas de Talavera y ellas me contaron, que conocen a una joven que hizo la novena a San José pidiendo encontrar un novio muy cristiano con el que poder fundar una familia. Hizo los 30 días de oraciones delante de una imagencita que tenía en casa. Sin embargo, no obteniendo enseguida el favor solicitado, empezó la joven a impacientarse con su Santo Protector. Llegó un día a estar tan enfadada, que decidió arrojar la imagen por el balcón. (Gracias a Dios que era un piso bajo). Tal fue la suerte que le dio en la cabeza a un joven encantador y muy bueno. La chica bajó corriendo a pedirle disculpas y le ofreció subir para hacerle una cura de emergencia, quedando ambos sorprendidos por la confianza que había nacido espontáneamente entre ellos, poco después comenzó un noviazgo, que terminó en feliz matrimonio. Ahí lo tienen: una herida de sangre que se convierte en pacto de amor.

Meditemos hoy en San José ante este primer derramamiento de sangre del Niño y al ponerle el nombre de Jesús. Pidamos en un momento de oración y con el rezo del Santo Rosario, que se nos conceda a nosotros también vivir esta Alianza de amor, aunque como explica santa Teresita a veces conlleve un martirio diario a alfilerazos y pedimos también la gracia que solicitamos para este mes.

San José esposo de la Virgen María, padre y custodio de la Sagrada Familia, celestial patriarca del pueblo de Dios, ruega por nosotros.

Que Dios te bendiga, querido lector, y hasta mañana si Dios quiere.

Día 13
La paternidad de San José

Muy querido lector:

Dentro de 18 días nos consagraremos a San José. Qué alegría saber que al unirnos a él, nos unimos de un modo especial también a la Santísima Virgen María, su esposa y junto con ellos podemos ser más perfectamente consagrados al Corazón de Cristo.

Vamos a meditar hoy en la paternidad de San José. Podemos meditar hoy el Evangelio de san Mateo (Mt 1,1-16), que dice así: «Libro del origen de Jesucristo, hijo de David, hijo de Abraham. Abraham engendró a Isaac...» Va recorriendo la genealogía y dice: «David de la mujer de Urías engendró a Salomón...» Terminando así: «Jacob engendró a José, el esposo de María de la cual nació Jesús, llamado Cristo».

La genealogía regia de Cristo es por José, el esposo de María. Es verdad que, a San José, se le llama padre adoptivo porque el niño Jesús es todo de María Virgen y del Espíritu Santo, pero profundizando más, y sin dejar de afirmar esto, se puede decir que San José es verdaderamente padre de Jesús. Es padre según el Espíritu Santo y a tal madre virginal, convenía tal padre virginal. Son un matrimonio virginal que por la fe y por la gracia de Dios, conforme a la acción del Espíritu

Santo, engendran un hijo y por eso, ambos le ponen nombre. Una vez que uno entiende la función paterna de San José, se entiende muy bien que nos podemos consagrar a él para que así, nos consagre más perfectamente a María y por María a Jesús.

Conviene que pensemos que hay terminologías que usamos respecto a la paternidad de san José que son incompletas:

Padre putativo: En base a Lc 3,23 («Jesús, al comenzar, era de unos treinta años, hijo –así se creía– de José») expresa solamente en qué sentido no es padre. Pero no manifiesta positivamente la realidad misteriosa de la paternidad de san José.

Padre nutricio: Este término apunta ya a aspectos positivos y funciones propias de un padre respecto de su hijo (el Niño crecía en edad, sabiduría y gracia «sujeto a María y a José»), pero no deja de ser un término parcial y limitado en su significado, porque no denomina lo esencial de la naturaleza de esta misteriosa paternidad.

Padre legal o adoptivo: Según Francisco Canals, ambas deben ser rechazadas porque ni Jesús adviene a San José externamente, ni éste es un sobrevenido a la familia de Nazaret. Esta denominación sería un desenfoque sobre el sentido del matrimonio verdadero entre María y José. Legal hace referencia al orden jurídico y es igualmente incompleto y rechazable.

Canals así lo explicaba:

La terminología de «padre legal» no es, pues, adecuada puesto que precisamente de lo que se trata es de reconocer en nuestro lenguaje la dimensión misteriosa de una «paternidad» que trasciende las condiciones de la «carne» y la economía de la «Ley», para insertarse en el misterio por el que se instaura la nueva economía por la virtud del Espíritu[51].

Por tanto, la paternidad de San José es una paternidad virginal, una paternidad según el Espíritu.

[Así] podría afirmarse una paternidad propia «según la mente o el espíritu»; que por excluir el carácter de principio fecundante y originario por parte del varón, no puede considerarse unívoca con la ordinaria paternidad humana; pero que, por constituir una común actitud «conyugalmente» compartida entre los dos esposos, fundamenta el que puede decirse que Jesús es para José algo originado desde su intimidad vital[52].

San Agustín así lo expresa:

Lo mismo, pues, que su enlace con José era verdadero matrimonio, y matrimonio sin desintegridad alguna, ¿por qué, a ese modo, la castidad del esposo no habría de recibir lo que había producido la castidad de la esposa? El computar las generaciones de Cristo por la línea de José, y no de María, no debe inquietarnos después de haber dicho ya tanto como se dijo; porque, si ella es madre sin concupiscencia carnal, él es padre sin unión

51. Francisco Canals, *San José, Patriarca del Pueblo de Dios*, (Balmes, Barcelona 1994), 158.
52. Ibíd., 158.

sexual. Pueden, de consiguiente, subir por él o bajar hasta él las generaciones[53].

En el libro *José, el más grande santo entre todos los santos* dice el Padre Ángel Peña:

> José fue en verdad padre de Jesús, aunque no lo fuera de sangre. Su título de padre le es reconocido por el Espíritu Santo mediante la autoridad de la Palabra de Dios, y Jesús lo reconocía, obedeciéndole en todo. Dice el Evangelio que les estaba sujeto (Lc 2, 51), es decir, que obedecía a María y José.
>
> Dice la Palabra de Dios: Sus padres iban cada año a Jerusalén y ante su sabiduría ante los doctores: Su padre y su madre estaban maravillados de lo que se decía de él (Lc 2, 33).
>
> María reconoce también a José como padre de Jesús. Cuando lo encuentran en el templo, después de estar tres días buscándolo, María le dice: Mira, tu padre y yo, apenados, estábamos buscándote (Lc 2, 48). Aquí, hasta María antepone la autoridad de José a la suya, diciendo: Tu padre y yo.
>
> La gente lo consideraba hijo de José. Jesús, al empezar, tenía unos treinta años y era, según se creía, hijo de José (Lc 3, 23). Y todos estaban maravillados de las palabras de gracia que salían de su boca y decían: ¿No es éste el hijo de José? (Lc 4, 22). ¿No es este Jesús el hijo de José, cuyo padre y madre nosotros conocemos? (Jn 6, 42)[54].

---

53. San Agustín, *Sermón 51*, fragmentos 16-17, 19-20, 25 y 30.
54. P. Ángel Peña, *San José, el más santo de los santos*, (Lima-Perú: 2008).

José es consciente de su paternidad. Como padre de Jesús asume su responsabilidad como venida de Dios. Cuando se le aparece el ángel, se dirige a él como jefe de familia para darle órdenes, que él cumple sin discutir. Le dice el ángel: ponle el nombre, huye a Egipto, vuelve a Israel, y el obedece sin rechistar.

Dice San Juan Pablo II en *Redemptoris Custos* número 7: «El hijo de María es también hijo de José en virtud del vínculo matrimonial que los une. A raíz de aquel matrimonio fiel, ambos merecieron ser llamados padres de Cristo»[55].

San Francisco de Sales pone un ejemplo. Dice así:

> Acostumbro decir que, si una paloma llevase en su pico un dátil y lo dejase caer en un jardín, ¿no se diría acaso que la palmera que de él provendría pertenece al dueño del jardín? Pues si esto es así, ¿quién podrá dudar que el Espíritu Santo, habiendo dejado caer este divino dátil como divina paloma, en el jardín cerrado de la Santísima Virgen, el cual pertenece a san José como la mujer esposa pertenece al esposo, ¿quién dudará digo, que se pueda afirmar con toda verdad que esa divina palmera

55. San Juan Pablo II, *Redemptoris Custos*, 7, (Roma, 15 de agosto de 1989).

(Jesús), que produce frutos de inmortalidad, pertenece por entero a san José?[56]

Vemos que, por ser esposo virginal de María, le corresponde ser padre de Jesús, pero también por su relación con Jesús:

Decía el Papa San Juan Pablo II:

La paternidad de san José, como la maternidad de la Santísima Virgen María, tiene un carácter cristológico de primer orden. Todos los privilegios de María se derivan del hecho de que es madre de Cristo. Análogamente, todos los privilegios de san José se deben a que tuvo el encargo de hacer de padre de Cristo.

> Sabemos que Cristo se dirigía a Dios con la palabra *abba*, una palabra querida y familiar con la cual los hijos de su nación se dirigen a sus padres. Probablemente, con la misma palabra como los otros niños, Él se dirigía también a san José, ¿es posible decir más del misterio de la paternidad humana?... La vida con Jesús fue para san José un continuo descubrimiento de su propia vocación de padre[57].

Sigue San Juan Pablo II:

> Por otra parte, siendo la circuncisión del hijo, el primer deber religioso del padre, José, con este rito, ejercita su derecho-deber respecto a Jesús. [...]

---

56. Citado por HERVAS FÉLIX, *Espigaduras en torno a san José,* (Avila: Ed. Signum crucis, 1988), 30.
57. SAN JUAN PABLO II, *¡Levantaos! ¡Vamos!,* (Buenos Aires: Ed. Sudamericana, 2004), 125-126.

En la circuncisión, José impone al niño el nombre de Jesús[...]. Al imponer el nombre, José declara su paternidad legal sobre Jesús y, al proclamar el nombre, proclama también su misión salvadora. [...]

El rescate del primogénito es otro deber del padre, que es cumplido por José[58].

Jesús fue inscrito oficialmente como hijo de José, de Nazaret (Jn 1, 45) y así lo creían todos.

Por eso, san José ha sido llamado por Dios para servir directamente a la persona y a la misión de Jesús mediante el ejercicio de su paternidad; de este modo, él coopera en la plenitud de los tiempos en el gran misterio de la redención y es verdaderamente «ministro de la salvación»[59].

San José, obedeciendo a Dios, custodiando a María y siendo padre de Jesús, tomó parte activa en los misterios de la Encarnación y Redención. Dice san Efrén (306-372), el gran teólogo y doctor de la Iglesia:

Bienaventurado eres tú, justo José, porque a tu vera creció quien se hizo niño pequeño para hacerse a tu tamaño. El Verbo habitó bajo tu techo sin abandonar por ello el seno del Padre... Quien es hijo del Padre, se llama hijo de David e hijo de José[60].

San Bernardo (1090-1153) afirma:

---

58. San Juan Pablo II, *Redemptoris Custos*, (Roma, 15 de agosto de 1989), 11.
59. Ibíd., 11.
60. Citado por Martelet Bernard, *José de Nazaret*, (Madrid: Ed. Palabra, 1999), 202.

> Aquel a quien muchos profetas desearon ver y no vieron, desearon oír y no oyeron, le fue dado a José, no sólo verlo y oírlo, sino llevarlo en sus brazos, guiarle los pasos y apretarlo contra su pecho. Cubrirlo de besos, alimentarlo y velar por él. Imagina qué clase de hombre fue José y cuánto valía. Imagínalo de acuerdo con el título con que Dios quiso honrarlo, que fuese llamado y tomado por padre de Dios, título que en verdad dependía del plan redentor[61].

San José es Padre de Jesús. Padre virginal sí, padre según el Espíritu Santo y no según la carne, pero verdadero padre y así actuó protegiéndole y ahora lo hace también protegiendo a su hijo en su cuerpo místico. «¿Por qué me persigues?» dirá Jesús cuando Saulo de Tarso perseguía a los cristianos. Pues así, dirá San José cuando persiguen a los cristianos: «¿por qué persigues a mi hijo?».

Santa Teresa le llamaba «mi verdadero padre y Señor». Nosotros, también podemos hacerlo y así lo hizo un joven amenazado de ser expulsado del trabajo por su fidelidad. Lo cuenta su madre al pedir a su sacerdote, una Misa en acción de gracias a San José, el pasado 17 de febrero de 1991:

> Reverendo Padre:
>
> Por favor, ¿tendría Ud. la amabilidad de hacer celebrar una Misa de acción de gracias en honor de San José?

61. San Bernardo, *Homilía Super missus est* 2, 16.

Mi hijo mayor, Juan, debe a este buen Padre el haberle conservado su trabajo que estaba amenazado por temibles adversarios: Juan tiene a su cargo los libros en un gran negocio; como se oponía a vender toda lectura obscena, ocultista o de alguna manera reprensible, se le dio a elegir: «o no hay censura o no hay trabajo». Rezamos a San José, ¡cuánto rezamos a San José!

Resultado: al día siguiente, las personas en cuestión le ofrecieron sus sinceras disculpas rogándole que se quedara.

Sencillamente milagroso, en vista del carácter desesperado de la situación»[62].

Meditemos hoy en San José verdadero padre virginal del Niño Dios. Pidámosle que enseñe a los padres de familia el cuidado de sus hijos, que nos acoja como hijos suyos y que nos conceda también la gracia que solicitamos para este mes.

San José esposo de la Virgen María, padre y custodio de la Sagrada Familia, celestial patriarca del pueblo de Dios, ruega por nosotros.

Que Dios te bendiga querido lector, y hasta mañana si Dios quiere.

---

62. Abadía San José de Clairval, *Op. cit.*, 28-29.

Día 14
San José, en la presentación del niño Jesús en el tempo

Muy querido lector:

Dentro de 17 días nos consagraremos a San José. Qué alegría saber que al unirnos a Él, nos unimos de un modo especial también a la Santísima Virgen María, su esposa y junto con ellos podemos ser más perfectamente consagrados al Corazón de Cristo.

Vamos a meditar hoy en San José en la presentación del Niño Jesús en el Templo:

Meditemos hoy el Evangelio de San Lucas en el capítulo 2:

> Cuando se cumplieron los días de su purificación según la ley de Moisés, lo llevaron a Jerusalén para presentarlo al Señor, de acuerdo con la ley del Señor: «Todo primogénito varón será consagrado al Señor» y para entregar la oblación, como dice la ley del Señor: «un par de tórtolas o dos pichones» (Lc 2, 22-24).

Así pues, al cumplirse los 40 días José y María cogen al Niño por la mañana y se van hacia Jerusalén. Están llenos de alegría. Por primera vez desde el nacimiento del Niño suben al Templo, para presentar a su hijo en la casa del Padre. Van recitando o cantando los salmos de subida: «Qué alegría cuando me dijeron vamos a la casa del Señor».

Cuenta el Padre Caffarel:

> Llegan al Templo mezclados con la gente. A uno de los comerciantes que invaden el atrio le compran por medio siclo dos tórtolas destinadas al sacrificio: dos tórtolas y no un cordero, porque son pobres y aun delante de Dios mantienen su condición. Luego cruzan bajo los altos pórticos llevando José las tórtolas y María al niño. Se sienten emocionados, conmovidos y profundamente felices[63].

Pero a la vez intuyen un misterio de ofrenda victimal. María y José ven cómo se sacrifican aquellas tórtoras y aquellos corderos. Eran degollados y, con la sangre, se asperjaba sobre las mujeres para la purificación. Seguro que San José pensó: María no necesitaba ninguna purificación, es tan buena... y efectivamente, es la Inmaculada, pero quiere cumplir todo según la ley. José y María, como buenos israelitas, conocen de memoria las Escrituras, todos los textos del cántico de Isaías donde el Mesías sería como cordero mudo llevado al matadero. Ellos quieren rescatarlo de la muerte, pero hay un misterio grande en su hijo. Van contentos y más cuando escuchan al anciano Simeón que les dice:

> Ahora Señor según tu promesa puedes dejar a tu siervo irse en paz, porque mis ojos han visto a tu salvador,

---

63. Henri Caffarel, *Op. cit.*, 100-101.

luz para alumbrar a las naciones y gloria de tu pueblo Israel.

Este anciano les anuncia que el Niño es Luz y Gloria, y ellos estaban «admirados», pero de repente su mirada cambia el brillo y les anuncia con firmeza: «Este Niño será signo de contradicción y a ti una espada te traspasará el alma». ¡Qué dolor tan grande para María! ¿Qué le va a pasar a su Niño?

Ahora, metámonos en el corazón de José. ¡Que dolor! ¿Qué le va a pasar a Jesús? ¿Y qué le va a pasar a María? ¿Y por qué no le ha metido en la profecía a él? ¿Él no podrá acompañarlos en su dolor? Él quisiera estar allí cuando ellos sufran. ¿No podrá estar protegiéndoles? ¿Se puede pedir algo más doloroso? ¡Que tremendo!

Ya adivinan la ofrenda: cordero degollado, espada en el corazón de la madre… y ellos con esto en el corazón van y hacen la ofrenda. Presentan al Niño, lo dejan en manos del sacerdote que por un momento lo sostiene en alto. Quizá para el sacerdote fue levantar un niño más como los miles de niños que pasaron por sus manos, pero no fue así para Jesús, para María y para José.

Recordemos que Jesús en el momento de la Encarnación había dicho: «Me has formado un cuerpo, oh Padre, y he aquí que vengo para hacer tu voluntad». María en ese mismo momento decía: «He aquí la esclava del Señor, hágase en mí según tu Palabra». Es la actitud de ofrenda, y esa misma ofrenda la tiene también San José. Metámonos en su corazón, quizá en ese momento está diciendo a Dios: «Padre eterno, unido a mi esposa María, te ofrezco a este Niño. Sabes que estoy unido a Ella y a Él por Amor. He consagrado mi vida a ellos. Quisiera librarles de todo dolor y de toda aflicción. Si tienen que pasarlos, me gustaría poder estar siempre al lado de los dos protegiéndoles y consolándoles, pero haz conmigo lo que quieras, sea lo que sea, no se haga mi voluntad sino la tuya. Me ofrezco a ti Padre, muy de verdad, con todo lo que soy y lo que tengo para hacer tu Voluntad».

Justo después, vino a alegrarles por un momento también aquella ancianita Ana, profetisa que alababa a Dios y hablaba del Niño a todos los que aguardaban la liberación de Israel. De nuevo los agridulces de José: gozo y dolor mezclado.

Cuanto tenemos que aprender de estas ofrendas. Que no pase un día sin que nosotros también hagamos nuestro ofrecimiento: Pidiendo primero al Espíritu Santo que inflame nuestros corazones en las ansias redentoras del Corazón de Cristo. Digamos rápidamente:

> Señor mío y Dios mío Jesucristo, por el corazón inmaculado de María, y desde este mes, por el corazón de San José, me ofrezco contigo al Padre en tu Santo Sacrificio del altar, con mi oración y mi trabajo, sufrimientos y alegrías de hoy en reparación de nuestros pecados y para que venga a nosotros tu Reino.

Así lo hacemos cada mañana millones de personas unidas por el Apostolado de la Oración.

Cada uno ha de pensar qué es lo que le puede ofrecer a Dios. La limosna que cada año la Iglesia nos pide para ordenar nuestra relación con los demás, es sobre todo limosna de amor, pero también Dios bendice mucho la generosidad y el desprendimiento de cosas materiales.

Los monjes de la abadía de Clairval cuentan:

> Un hombre indiferente, incrédulo, iba a morir con la blasfemia en los labios y la desesperación en el corazón. Su mujer rezaba y lloraba y Dios parecía no oírla.
>
> Sin embargo, la muerte llegaba a grandes pasos.
>
> El sacerdote le dijo a la esposa del enfermo: «vaya rápido a buscar a un pobre y dele limosna en nombre de San José por la conversión de su marido».
>
> Ella corrió por las calles y encontró a un anciano cubierto de harapos, le dio una limosna generosa, diciéndole que rezara por la conversión de un pecador. Al volver a casa, el moribundo había tomado la mano del sacerdote, se la había besado bañado en lágrimas y había pedido perdón con arrepentimiento de sus pecados. La conversión fue sincera y edificante. Algunas horas después, este hombre entraba en la eternidad, salvado por la limosna dada en nombre de San José y por la oración del pobre...[64]

Meditemos hoy en San José realizando su ofrenda de dos tórtolas, pero, sobre todo la ofrenda de su vida unida a la de María y Jesús. Pidámosle que nos enseñe a nosotros a ofrecer nuestra vida como él unidos a Jesús

---

64. Abadía San José de Clairval, *Op. cit.*, 140.

y María cada día y también la gracia que solicitamos para este mes.

San José esposo de la Virgen María, padre y custodio de la Sagrada Familia, celestial patriarca del pueblo de Dios, ruega por nosotros.

Que Dios te bendiga querido lector, y hasta mañana si Dios quiere.

Día 15
San José en la epifanía

Muy querido lector:

Dentro de 16 días nos consagraremos a San José. Qué alegría saber que al unirnos a él, nos unimos de un modo especial también a la Santísima Virgen María, su esposa y junto con ellos podemos ser más perfectamente consagrados al Corazón de Cristo.

Vamos a meditar hoy en San José en la Epifanía:

San José y la Virgen María habían conseguido ya una casa en Belén y en esto, que una noche vieron una estrella refulgente que estaba justo encima de ellos. Seguro que les pareció un signo de protección de Dios, un signo de su amor. Así lo explicaba el Papa Benedicto:

> La gran estrella, la verdadera supernova que nos guía es el mismo Cristo. Él es, por decirlo así, la explosión del amor de Dios, que hace brillar en el mundo el enorme resplandor de su corazón[65].

Se sienten protegidos por el Amor de Dios, aunque en lo externo se ven con privaciones. En esto que ven llegar una comitiva de camellos dromedarios y gente

---

65. Benedicto XVI, *Homilia solemnidad de la Epifanía del Señor,* (Roma, 6 de enero de 2012).

importante de Oriente. Dice el Evangelio de San Mateo en el capítulo 2:

> Unos magos de Oriente [...]. Se pusieron en camino, y de pronto la estrella que habían visto salir comenzó a guiarlos hasta que vino a pararse encima de donde estaba el niño. Al ver la estrella, se llenaron de inmensa alegría. Entraron en la casa, vieron al niño con María, su madre, y cayendo de rodillas lo adoraron; después, abriendo sus cofres, le ofrecieron regalos: oro, incienso y mirra.
>
> Y habiendo recibido en sueños un oráculo, para que no volvieran a Herodes, se marcharon a su tierra por otro camino.

Qué grata sorpresa para San José y para la Virgen que vengan de tan lejos gente tan importante y que les llenen de regalos y, sobre todo, que se postren a adorar al Niño. En primer lugar, San José se alegraría por ver esa adoración. Dios ha iluminado no solo a los sencillos pastores, también a gente sabia, y no solo ilumina al pueblo de Israel sino a gente de todas las razas conocidas entonces.

Quizá les vino a la mente la profecía y el salmo donde se reza: «Te adorarán, Señor, ¡todos los pueblos de la tierra!». Esta promesa la explicaba San Juan Pablo II diciendo:

> Esta aclamación del salmo evoca la antigua profecía mesiánica, que se realizará plenamente cuando Cristo el Señor volverá glorioso al final de la historia. En efecto, ha tenido ya una primera realización histórica y el

mismo tiempo profética cuando los Magos llegaron a Belén trayendo sus dones. Fue el inicio de la manifestación de Cristo –o sea su «epifanía»– a los representantes de los pueblos del mundo[66].

Quizá María y José al verlos tan importantes, pensaron que se anticipaba el cumplimiento de esa promesa, que un día todos los reyes a la cabeza de sus pueblos vendrán a adorar al Señor. No olvidemos que el ángel le había dicho a la Virgen:

> Darás a luz un hijo y le pondrás por nombre Jesús. Será grande, se llamará Hijo del Altísimo, el Señor Dios le dará el trono de David su padre, reinará sobre la casa de Jacob para siempre y su reino no tendrá fin.

Por tanto, Jesús es un Rey que reinará.

No olvidemos que en el Concilio Vaticano II en el decreto *Nostra aetate* 4 se dice:

> La Iglesia, juntamente con los profetas y el mismo Apóstol, espera el día, que sólo Dios conoce, en que todos los pueblos invocarán al Señor con una sola voz y le servirán como un solo hombre[67].

Así que, si la Iglesia lo espera, aquella primera Iglesia doméstica, quizá lo desearon y esperaron que, en estos Magos de Oriente, hubiera un anticipo de que un día todos los Reyes de la tierra, con todos sus pueblos, se postrarán en la presencia de Dios y lo adorarán.

---

66. San Juan Pablo II, *Homilía solemnidad de la Epifanía del Señor,* (Roma, 6 de diciembre de 2001).
67. Concilio Vaticano II, *Nostra aetate*, 4.

San José es descendiente del rey David y del rey Salomón, y a este rey vino a verle la reina de Saba, vino a presentar sus regalos. Quizá San José pudo pensar en que un día de verdad este pequeño Niño podría ser el único pastor de ese único rebaño, pero enseguida también José al ver los regalos, los debió ver como signo de la Providencia divina para esta incipiente y pobre familia. Seguro que pensó en poder cambiar el oro por pañales, o por algo que sabía que necesitaba la Virgen.

La Epifanía es sin duda un día de consuelo, pero este dulce de Dios también tiene algo agrio: San José agradecido, recibiría los regalos y meditaría los significados: Oro para el Rey, incienso para Dios, y ¿mirra? Mirra para el que ha de morir. Se sobresaltaría el corazón de José al ver la mirra y recordar al anciano Simeón que había profetizado la espada. Además, pronto les preguntaría cómo habían llegado hasta allí y ellos les contaron lo que dice en el Evangelio:

> Unos magos de Oriente se presentaron en Jerusalén preguntando:
>
> –«¿Dónde está el Rey de los judíos que ha nacido? Porque hemos visto salir su estrella y venimos a adorarlo.» Al enterarse el rey Herodes, se sobresaltó, y todo Jerusalén con él; convocó a los sumos sacerdotes y a los escribas del país, y les preguntó dónde tenía que nacer el Mesías. Ellos le contestaron: –En Belén de Judea, porque así lo ha escrito el profeta: «Y tú, Belén, tierra de Judea, no eres ni mucho menos la última de las ciudades de Judea, pues de ti saldrá un jefe que será el pastor de mi pueblo Israel». Entonces Herodes llamó en secreto a

los magos para que le precisaran el tiempo en que había aparecido la estrella, y los mandó a Belén, diciéndoles: –Id y averiguad cuidadosamente qué hay del niño y, cuando lo encontréis, avisadme, para ir yo también a adorarlo. (Mt, 2,1-12).

San José, seguramente se sobresaltó al escuchar que Herodes tenía conocimiento del Niño, y sería consciente de la protección de Dios al pedirles que fueran por otro camino, pero también señalando que Herodes era un peligro para Jesús. José confía en la Providencia del Padre Eterno que ve cómo cuida de la vida y del sustento. Por eso tiene paz. Él ahora desde el cielo también es reflejo de la Providencia del Padre y sigue visitando nuestras casas concediéndonos lo que necesitamos.

Cuenta san Luis Orión:

Estábamos en el mes de marzo de 1900. Eran tiempos en que no teníamos nada, no teníamos pan, ni modo de pagar a los proveedores, y san José vino en nuestra ayuda… Estábamos con mucha necesidad de dinero y nos encomendamos a san José, que es invocado como administrador, o mejor, como proveedor de las casas religiosas como él lo fue de la Sagrada Familia… Un día, estábamos sin nada y, exactamente, durante la novena de san José, la antevíspera de su fiesta, parecía que san José no nos quería ayudar. Pero he aquí que se presenta a nuestra puerta un señor que pregunta: –¿Dónde está el superior?

En seguida el portero vino a decirme: Un señor quiere hablarle. –¿Es un acreedor? Pregunté. –No lo conozco me respondió el portero, pero ¿No es el lechero o el carnicero? Añadí y me respondió: –No sé.

Eran tiempos en que detrás de un acreedor venía otro y no me dejaban descansar. Bajé las escaleras aprisa y me encontré a un señor modestamente vestido, con barba. Y me dice: –¿Usted es el superior?, –Sí, respondí. Y me dijo: –Aquí hay un dinero. Y dejó un sobre grueso con dinero. Esto lo recuerdo como si hubiera sido esta mañana. Yo le pregunté, si debíamos celebrar algunas misas a su intención. Él me dijo que no, que debíamos seguir rezando. Yo no lo había visto nunca. Me miró un momento, se inclinó y se fue deprisa. Hubiera querido detenerlo, pero no tuve el coraje. Sin embargo, su presencia y sus palabras me dejaron encantado. Y, mientras salía, los que habían estado presentes me dijeron que el rostro de aquel señor tenía un no sé qué de celestial. Y, entonces, fuimos todos sobre sus pasos a ver dónde iba. Pero aquel hombre salió por la puerta, dio unos pasos, bajando las escaleras exteriores, y no se le vio más ni a derecha ni a izquierda ni en el patio ni en la iglesia. Mandé a dos que fueran a buscarlo, pero no lo encontraron. Apenas había salido y ya había desaparecido.

Vino Monseñor Novelli, le contamos lo sucedido, y dijo: –Era san José, era verdaderamente san José. Yo le hice observar: –Pero era joven, demasiado joven y con barba rojiza… Él me respondió: –San José no debía ser viejo.

> Lo cierto es que en el sobre había tanto dinero como para pagar a todos los deudores más urgentes y más importantes. Y siempre se lo agradecimos a san José[68].

Meditemos hoy en San José, contemplando la providencia del Padre que nos ayuda en lo más concreto del sustento de cada día, pero también en el destino de la historia. Pídele esta confianza en la providencia, en la concreta de tu día a día, pero también en la providencia con la Historia. El Señor reinará a pesar de sus enemigos, él es Rey de Reyes y Señor de Señores y al final, establecerá la civilización del Amor, el Reinado de su Corazón. Además de esta petición de confianza en la Providencia, pedimos también la gracia que solicitamos para este mes.

San José esposo de la Virgen María, padre y custodio de la Sagrada Familia, celestial patriarca del pueblo de Dios, ruega por nosotros.

Que Dios te bendiga querido lector, y hasta mañana si Dios quiere.

---

68. Discurso de Don Orión del 18 de marzo de 1938, citado por Gemma Andrea, *I fioretti di Don Orione*, (Bologna: Ed. EDB, 2002), 68-71.

Día 16
San José, en la huida a Egipto

Muy querido lector:

Dentro de 15 días nos consagraremos a San José. Qué alegría saber que al unirnos a él, nos unimos de un modo especial también a la Santísima Virgen María, su esposa y junto con ellos podemos ser más perfectamente consagrados al Corazón de Cristo.

Vamos a meditar hoy en San José en la huida a Egipto. Nos narra el Evangelio de San Lucas en el capítulo 2:

> Un ángel del Señor se apareció en sueños a José, diciéndole: –Levántate, toma al niño y a su madre, y huye a Egipto; y quédate allí hasta que te diga, pues Herodes va a empezar a buscar al niño para matarlo. Él, levantándose, tomó al niño y a su madre, de noche, y marchó a Egipto (Lc 2,13-18).

Metámonos primero en el corazón de San José y tratemos de vivir lo que vivió él: por la noche, tras un día ajetreado, recibe en sueños una orden de huida alarmante. José se despierta y realiza punto por punto, todo lo ordenado. Despierta a María que, con sobresalto, escucha: «Vámonos María, ¡quieren matar al niño!» Ella inmediatamente obedece, coge lo indispensable, arropa al niño y emprenden el viaje hacia lo desconocido apoyados sólo en Dios.

Vamos a acompañarlos y a tratar de introducirnos en el diálogo entre María y José. José, tras explicarle el sueño del ángel dice a María: «hemos sido acusados de peligrosos delincuentes y malhechores, hemos sido juzgados y condenados y ahora somos perseguidos a muerte». María quizá responde: «No te preocupes José, Dios está con nosotros y nos protege, además esto de algún modo nos lo advirtió el anciano Simeón: Este niño es «bandera discutida», y por su causa, «una espada traspasará» nuestra alma (Lc 2,24)». José quizá le diría: «Gracias María por dejarme compartir contigo este dolor, aunque desearía llevarlo yo solo para que tú no sufras». Y María le contestaría: «No José, Dios me protege contigo, y juntos debemos proteger al Niño que es la Luz del mundo».

José quizás dijo: «Qué tremendo es pensar lo que rezó Simeón al ver al Niño: acaban de ver mis ojos tu salvación, Luz para alumbrar a las naciones». (Lc 2,30-32). Y ahora ver que este que es «la Luz verdadera que ilumina a todo hombre, el mundo no lo conoció… que vino a los suyos y los suyos no lo recibieron» (Jn 1, 9-11).

Qué terrible ver que la Luz tiene que salir huyendo de noche para no ser apagada. Y María responde: «Pero José, no te preocupes porque Jesús es la Luz de los hombres y la Luz brilla en la oscuridad, y la oscuridad no logra sofocarla» (Jn 1,4-5). José recordaría las palabras del anciano. Dijo también que, con esto, se sabría lo que hay en el interior de todos los corazones (Lc2,35). «Yo pensaba que Herodes sería indiferente al Niño, pero veo que no, que es enemigo».

Seguro que San José también pensaría lo que el Papa emérito nos explica sobre Herodes:

> Herodes había hecho ajusticiar a sus hijos Alejandro y Aristóbulo porque presentía que eran una amenaza para su poder. En el año 4 a. C., había eliminado por la misma razón también al hijo Antípater. Él pensaba exclusivamente según las categorías del poder. El saber por los magos de un pretendiente al trono debió de ponerlo en guardia. Visto su carácter, estaba claro que ningún escrúpulo le habría frenado[69].

Jesús es el Rey de amor que trae la paz, pero los poderosos de este mundo siguen diciendo: «No queremos que este hombre sea nuestro rey». (Lc 19,14).

Quizás María comentó: «¡Pobre Herodes!, vivir en las tinieblas y en el miedo a perder poder, pero esto me pone triste, háblame de ti José: ¿Qué hay en el interior de tu corazón»?

José diría: «Un dolor muy grande. Me duele tanto que desprecien a Jesús, y que te desprecien a ti. Siento un amor muy grande por vosotros y desearía pasar mil muertes antes de que os ocurriese nada a los dos».

María, le respondería: «Gracias José, a mí me sucede igual. Vamos a guardar silencio para darle vueltas

---

69. BENEDICTO XVI, *La infancia de Jesús* (Madrid: Ediciones Planeta, 2012).

a todo esto en el corazón y tratemos de que el Niño no experimente el dolor que nos embarga, sino sólo el amor».

Y seguimos leyendo el Evangelio:

> Entonces Herodes, al ver que había sido puesto en ridículo por los magos, se enfureció mucho, y envió gente para asesinar a todos los niños que había en Belén y en todo su término, a los niños de dos años para abajo [...] Entonces se cumplió lo dicho por medio de Jeremías el profeta: Una voz se oyó en Ramá, un llanto y gran lamento: Raquel llorando a sus hijos... ¡y no quería consolarse, porque ya no existen! (Mt 2,16 -18).

A la mística, beata Ana Catalina Emmerich, se le concedió ver lo que ocurrió:

> Herodes se hallaba en Roma [...]. Después de su vuelta se produjo la degollación de los inocentes [...].
>
> Se había engañado a las madres, prometiéndoles premios a su fecundidad; por eso ellas se presentaban a las autoridades vistiendo a sus criaturas con los mejores trajecitos [...].
>
> Hoy, al mediodía, vi a las madres con sus niños de dos años o menos acudir a Jerusalén. [...].
>
> Vi el cuadro horrible de la matanza de los niños [...]. Las madres eran llamadas una a una [...]. Al entrar, los soldados les quitaban los niños, llevándolos al patio, donde unos veinte hombres los mataban atravesándoles la garganta y el corazón con espadas y picas. Había niños aún fajados, a los cuales amamantaban sus madres, y otros que usaban ya vestiditos. No se ocuparon

de desvestirlos, sino que tal como venían los tomaban del bracito o del pie y los arrojaban al montón. El espectáculo era de lo más horrible que puede imaginarse.

Entre tanto las madres eran amontonadas en una sala grande, y cuando vieron lo que hacían con sus niños, lanzaban gritos desgarradores, mesándose los cabellos y echándose en brazos unas de otras[70].

Según dice esta mística:

Se apareció un Ángel a María y le hizo conocer la matanza de los niños inocentes por el rey Herodes. María y José se afligieron mucho y el Niño Jesús, que tenía entonces un año y medio, lloró todo el día[71].

Pensemos en el dolor de la Sagrada Familia. Primero, el dolor de Dios llorando todo el día. Dios tiene un plan de amor para cada vida. Dios ha pensado en cada vida, la ha creado y la sostiene,

Así lo expresaba San Juan Pablo II:

La vida humana es sagrada. Cada vida permanece siempre en una especial relación con el Creador, su único fin. Sólo Dios es Señor de la vida desde su comienzo hasta su término: nadie, en ninguna circunstancia,

70. Ana Catalina Emmerick, *Vida de María Madre* (Madrid: Ediciones Sol de Fátima, 2005), 138-140.

71. Ibíd., 137-138.

puede atribuirse el derecho de matar de modo directo a un ser humano inocente[72].

Dios cuenta con la colaboración de unos padres que son colaboradores con Dios creador, Dios agradece la generosidad de los padres, y le duele cuando no le dejan tener los hijos que les pide.

Dios está muy unido a los niños. Nos dice el Evangelio: «El que reciba a un pequeñito así, en mi nombre, me recibe a mí» (Mt 8,5). «¡Atención! No despreciéis a uno de estos pequeños; pues os digo que en los cielos sus ángeles ven continuamente el rostro de mi Padre que está en los cielos» (Mt 18,10).

Jesús a lo largo de su vida muestra muchas veces este amor por los niños. Le llevaban niños pequeños, incluso los bebés, para que los acariciara, pero los discípulos los reprendieron; en cambio, Jesús, al verlo, se indignó y les dijo: Dejad a los niños acercarse a mí, no se lo impidáis (Lc 18, 15-16). También en el Evangelio de San Marcos se nos narra esto. Y, después de abrazarlos, rezaba una bendición, imponiéndoles las manos. (Mc 10,13-16).

A Dios le duele lo que se haga a un niño, como hecho a Él: «Lo que hagáis con uno de estos hermanos míos más pequeños, conmigo lo hacéis». (Mt 25, 40, 45). Cuando se abusa de un niño a Dios le duele. Cuando se les mata después o antes de nacer, Dios llora.

---

72. San Juan Pablo II, *Evangelium Vitae,* (Roma: 25 de marzo de 1995).

San Juan Pablo II defendía el derecho de la vida, considerando el aborto procurado como un crimen abominable, un pecado gravísimo contra la ley natural, contra la ley divina y contra la vida de seres totalmente inocentes e indefensos[73].

Dios llora con el daño físico y también con el daño moral: «Ay de quien escandalice a uno de estos pequeños que creen en mí, más le vale que le cuelguen al cuello una de esas piedras de molino y le hundan en lo profundo del mar» (Mt 18, 6; y 1 Cor 8, 10-13).

Por eso, le dice Jesús a la Madre Teresa de Calcuta:

> Cómo duele, si tú sólo supieras, ver a estos niños pobres manchados de pecado. Anhelo la pureza de su amor. Si sólo respondieras y Me trajeses esas almas apartándolas de las manos del maligno. Si sólo supieras cuántos pequeños caen en el pecado cada día[74].

Cuenta también esta santa:

> Yo estaba arrodillada cerca de Nuestra Señora, que estaba vuelta hacia los niños y decía: «Cuídales. Son míos. Llévalos a Jesús. Lleva a Jesús hasta ellos. No temas. Enséñales a recitar el Rosario, el Rosario en familia, y todo irá bien. No temas. Jesús y yo estaremos contigo y con tus niños»[75].

Y San José metido en el corazón de María y de Jesús, sentiría un dolor inmenso y pensaría si hubiera podido

---

73. Cf. San Juan Pablo II, *Evangelium Vitae*.
74. Madre Teresa, *Ven, sé mi luz*, (Barcelona: Planeta, 2008), 128.
75. Ibíd., 129.

evitar esta matanza y avisar a todos, pero él no lo sabía. Y ahora él lucha por la causa de la Vida.

Escribía una madre joven a la Abadía de San José de Claraval:

> Hoy, 19 de marzo, fiesta de San José, tengo la dicha de hacerles saber que este gran santo acaba de escuchar una vez más las oraciones que le he dirigido desde el 1 de marzo, momento en que anuncié a mis padres que estaba embarazada.
>
> Ellos empezaron junto con mi esposo a presionar para que abortara. En silencio, pedí a San José poder soportar este sufrimiento, esta hostilidad y le supliqué que suavizara el corazón de mis familiares.
>
> Anoche, víspera de su fiesta, vi a mis padres llegar a mi casa y preguntarme si podrían quedarse para cenar. Les invité, pues, a quedarse con nosotros. Al final de la comida, cuando se disponían a partir, me propusieron, a mí y a mi esposo, ir a pasar el domingo a su casa para ver a toda mi familia y agregaron que eso les agradaría mucho. Vi el arrepentimiento en sus ojos y sentí que se habían arrepentido de haber querido la muerte de mi hijo tan amenazado por tantos parientes que querían que lo hiciera abortar.
>
> Creí entonces que San José había finalmente tocado su corazón y estaba conmovida[76].

Meditemos hoy en San José defensor de la vida y de la familia en un mundo de cultura de muerte, de

76. Abadía San José de Clairval, *Op. cit.*, 73-74.

aborto, suicidio y eutanasia. Pedimos ser también nosotros apóstoles de la vida, desde el primer instante de la concepción hasta la muerte natural, y que San José nos conceda la gracia que solicitamos para este mes.

San José esposo de la Virgen María, padre y custodio de la Sagrada Familia, celestial patriarca del pueblo de Dios, ruega por nosotros.

Que Dios te bendiga querido lector, y hasta mañana si Dios quiere.

Día 17
La Sagrada familia en Egipto

Muy querido lector:

Dentro de 14 días nos consagraremos a San José. Qué alegría saber que al unirnos a él, nos unimos de un modo especial también a la Santísima Virgen María, su esposa y junto con ellos podemos ser más perfectamente consagrados al Corazón de Cristo.

Vamos a meditar hoy en San José en Egipto: Nos narra el Evangelio de San Lucas en el capítulo 2: «huye a Egipto; y quédate allí hasta que te diga». (Lc 2,13-18).

Según Philip Kosloski afirma que Jesús dio sus primeros pasos en Egipto. Así lo explica:

> Es probable que Jesús diera sus primeros pasos no en Belén ni Nazaret, sino en Egipto.
>
> Se olvida fácilmente que Jesús pasó parte de su infancia temprana fuera de Belén y de Tierra Santa. Forzada al exilio por el rey Herodes, la Sagrada Familia huyó a Egipto y vivió allí varios años.
>
> Nos podemos preguntar ¿Vio Jesús las antiguas pirámides? ¿Y el gran río Nilo?[…]
>
> La tradición local afirma que la Sagrada Familia vivió en Egipto durante cuatro años.

Resulta curioso imaginar a Jesús dando sus primeros pasos y pronunciando sus primeras palabras no en Belén ni Nazaret, ¡sino en Egipto!

Según las tradiciones locales, la primera parada de la Sagrada Familia fue Farma, al este del río Nilo. Luego continuaron viajando hasta Mostorod, una ciudad al norte de El Cairo. Hay una fuente cerca de la ciudad que se dice comenzó a brotar después de su llegada.

Después pararon en Sakha, donde una roca tiene la impresión del pie del niño Jesús.

Más adelante siguieron hasta Wadi El Natrun, antes de detenerse justo a las afueras de El Cairo. Allí, la Sagrada Familia encontró cobijo y sombra bajo un árbol.

Con toda certeza vieron las antiguas pirámides de Egipto mientras continuaron con su viaje y posiblemente se detuvieran a admirar tan maravillosa vista.

Entonces, la familia exiliada continuó hasta El Cairo Viejo y luego Maadi, donde tomó un barco hasta Deir El Garnus y luego Gabal El Teir.

La parada principal de la Sagrada Familia fue Gebel Qussqam. Se cree que permanecieron allí durante seis meses aproximadamente. Antes de volver a su hogar, se detuvieron en Assiut y luego hacia Tierra Santa.

El pueblo copto se enorgullece de este capítulo especial de la vida de Jesús y se siente muy próximo a la Sagrada Familia, que caminó y vivió entre ellos durante los primeros años de la infancia de Jesús[77].

---

77. Philip Kosloski, «¿Dónde vivía la Sagrada Familia en Egipto?», *Aleteia*, 30 de diciembre de 2017, https://es.aleteia.org/2017/12/30/donde-vivia-la-sagrada-familia-en-egipto/

Bien, pues pensemos en este tiempo en que José no conoce la lengua que se habla, no tiene trabajo y se ve en una tierra poblada de ídolos donde no está su templo ni su sinagoga. Lo vemos exiliado y emigrante por salvar al niño.

Cuantas familias de cristianos perseguidos en oriente se han visto reflejados en esta imagen, cuantos en nuestra Europa hemos de pensar en esta escena al ver cómo quieren arrancarles a los hijos de nuestras familias la vida sobrenatural, y someterles a la dictadura atea del pensamiento único. Hay que pensar muchas veces cómo huir antes que maten a nuestros hijos y estar dispuestos a perder toda comodidad si está en juego la fe de nuestras familias.

Yo quisiera que en este lugar meditásemos en la disponibilidad que San José tiene de hacer la voluntad de Dios, cueste lo que cueste y me gusta verle como explica Santa Teresita cuando habla de la pelotita del Niño Jesús:

> Desde hacía algún tiempo, me había ofrecido al Niño Jesús para ser su juguetito. Le había dicho que no me tratase como a uno de esos juguetes caros que los niños se contentan con mirar sin atreverse a tocarlos, sino como a una pelotita sin valor que pudiera tirar al suelo, o golpear con el pie, o agujerear, o dejarla en un rincón, o bien, si le apetecía, estrecharla contra su corazón. En una palabra, quería divertir al Niño Jesús, agradarle, entregarme a sus caprichos infantiles[...]. Y él había escuchado mi oración[...].

En Roma Jesús agujereó su juguetito. Quería ver lo que había dentro. Y luego, una vez que lo vio, satisfecho de su descubrimiento, dejó caer su [64vº] pelotita y se quedó dormido[...].

¿Y qué hizo mientras dormía dulcemente, y qué fue de la pelotita abandonada...? Jesús soñó que seguía divirtiéndose con su juguete, tirándolo y cogiéndolo una y otra vez; y luego, que, después de haberlo echado a rodar muy lejos, lo estrechaba contra su corazón sin dejarlo alejarse ya nunca más de su manita[...].

Imagínate, Madre querida, lo triste que se sentiría la pelotita al verse tirada por el suelo... Sin embargo, no dejé de esperar contra toda esperanza[78].

Pedía a Jesús que rompiese mis ataduras. Y las rompió, pero de una forma totalmente diferente a como yo esperaba[...] Llegó la fiesta de Navidad, y Jesús no despertó[...]. Dejó en el suelo a su pelotita, sin echarle siquiera una mirada[79].

Yo soy la pelotita del Niño Jesús; si él quiere romper su juguete, es muy dueño de hacerlo. Sí, acepto todo lo que él quiera. [...] ¡no tengo más que a Dios, sólo a Dios, sólo a Dios...![80].

Que el divino Niño Jesús encuentre en tu alma una morada totalmente perfumada por las rosas del amor; que encuentre también en ella la lámpara ardiente de la caridad fraterna, que hará entrar en calor a sus

---

78. Santa Teresa de Lisieux, *Historia de un alma.* (Burgos: Monte Carmelo,2003), 117.
79. Ibíd., 174.
80. Santa Teresa de Lisieux, *Carta 36 a sor Inés de Jesús,* 20 de noviembre de 1887.

> miembrecitos helados y que alegrará su corazoncito haciéndole olvidar la ingratitud de las almas que no le aman lo suficiente[81].

Así veo yo a San José en Egipto. Totalmente entregado al consuelo de Jesús y de María sin pedir nada a cambio. Moviéndose por aquellos lugares desconocidos para él, tratando de consolarles y ayudares olvidándose totalmente de sí mismo. Buscando para María y José lo que necesitasen a costa de cualquier sacrificio.

Este pobre cura que les habla, le ocurrió una anécdota con San José. Tuve que hacer un viaje al extranjero y tenía que hacer transbordo en Roma en un aeropuerto a las afueras de la ciudad. El horario no me permitía ir al Vaticano a visitar la tumba de San Pedro y de San Juan Pablo II que me hubiera encantado, ni visitar a un sacerdote que sé que me hubiera hecho mucho bien en una situación personal que me preocupaba mucho. El caso es que estaba esperando una hora antes en la fila del embarque de mi avión para España, y cuando llego ya para embarcar, me doy cuenta de que me había equivocado de compañía. Salí corriendo hasta la otra punta del aeropuerto y mientras corría, le recé a San José pidiéndole que pudiera coger el avión. Cuando llegué, ya el embarque estaba cerrado y el avión acababa de salir.

En mi agobio y entre la multitud, vi una azafata como esperando ayudarme; me acerqué, y le expliqué lo que me ocurría. Mis maletas estaban embarcadas y yo había perdido el avión. Ella muy amable me dijo que

---

81. Santa Teresa de Lisieux, *Carta 246 a sor María de la Trinidad,* 13 de junio de 1887.

no me preocupara. Se acercó a un mostrador donde vi que todas las azafatas se levantaban con respeto; con lo que entendí que debía ser de las jefas del aeropuerto. Ella hizo varias gestiones y me dijo: No se preocupe, he cambiado sus billetes. No le va a costar nada de dinero; sus maletas llegarán a la vez que usted y tiene ahora siete horas por si quiere visitar Roma. Así lo hice.

Pude hablar con este buen sacerdote que me ayudó mucho y con él, fuimos a visitar la tumba de San Pedro y la de San Juan Pablo II. Al volver no podía menos de agradecerle a San José, que me concedió mucho más de lo que yo le pedía y me cuidó no solo físicamente llevándome a mi destino, sino espiritualmente concediéndome lo que en ese momento necesitaba.

Meditemos hoy en San José cuidando de la Sagrada Familia en Egipto. Pidámosle la gracia de estar pendientes de los demás en sus necesidades físicas y espirituales olvidándonos de nosotros mismos, aunque nosotros también estemos necesitados de ayuda. Que nos conceda también la gracia que solicitamos para este mes.

San José esposo de la Virgen María, padre y custodio de la Sagrada Familia, celestial patriarca del pueblo de Dios, ruega por nosotros.

Que Dios te bendiga querido lector, y hasta mañana si Dios quiere.

Día 18
San José, en Nazaret

Muy querido lector:

Dentro de 13 días nos consagraremos a San José. Qué alegría saber que al unirnos a Él, nos unimos de un modo especial también a la Santísima Virgen María, su esposa y junto con ellos podemos ser más perfectamente consagrados al Corazón de Cristo.

Vamos a meditar hoy en San José en Nazaret. Para ello, nos serviremos de una alocución que hizo en este lugar santo el Papa San Pablo VI. Vamos a entrar ahí de la mano de José, pidiendo permiso y compañía a este santo patriarca. Dice el Papa:

> Nazaret es la escuela donde empieza a entenderse la vida de Jesús, es la escuela donde se inicia el conocimiento de su Evangelio.
>
> Aquí aprendemos a observar, a escuchar, a meditar, a penetrar en el sentido profundo y misterioso de esta sencilla, humilde y encantadora manifestación del Hijo de Dios entre los hombres. Aquí se aprende incluso, quizá de una manera casi insensible, a imitar esta vida [...].
>
> ¡Cómo quisiéramos ser otra vez niños y volver a esta humilde pero sublime escuela de Nazaret! [...].

Mas no partiremos de aquí sin recoger rápida, casi furtivamente, algunas enseñanzas de la lección de Nazaret.

Su primera lección es el silencio. Cómo desearíamos que se renovara y fortaleciera en nosotros el amor al silencio, este admirable e indispensable hábito del espíritu, tan necesario para nosotros, que estamos aturdidos por tanto ruido, tanto tumulto, tantas voces de nuestra ruidosa y en extremo agitada vida moderna. Silencio de Nazaret, enséñanos el recogimiento y la interioridad, enséñanos a estar siempre dispuestos a escuchar las buenas inspiraciones y la doctrina de los verdaderos maestros. Enséñanos la necesidad y el valor de una conveniente formación, del estudio, de la meditación, de una vida interior intensa, de la oración personal que sólo Dios ve.

Se nos ofrece además una lección de vida familiar. Que Nazaret nos enseñe el significado de la familia, su comunión de amor, su sencilla y austera belleza, su carácter sagrado e inviolable, lo dulce e irreemplazable que es su pedagogía y lo fundamental e incomparable que es su función en el plano social.

Finalmente, aquí aprendemos también la lección del trabajo. Nazaret, la casa del hijo del artesano: cómo deseamos comprender más en este lugar la austera pero redentora ley del trabajo humano y exaltarla debidamente; restablecer la conciencia de su dignidad, de manera que fuera a todos patente; recordar aquí, bajo este techo, que el trabajo no puede ser un fin en sí mismo, y que su dignidad y la libertad para ejercerlo no provienen tan sólo de sus motivos económicos, sino también de aquellos otros valores que lo encauzan hacia un fin más noble[82].

Pedimos a San José que nos enseñe a vivir esa vida sencilla de silencio, cargado de oración, y estudio, esa vida de amor familiar, esa vida de trabajo. Entramos en esta casa de Nazaret de su mano y le contemplamos así.

Santa Teresita nos enseña a mirar a esta Sagrada Familia en Nazaret: vida sencilla, vida de amor y familia, vida de pobreza, de sacrificio, vida de fe y oración:

> Lo más ejemplar para mí, cuando pienso en la Sagrada Familia, es imaginarme su vida del todo corriente... ¡No es lo que suele decirse! Y se supone que el Niño Jesús, por ejemplo, después de haber modelado con tierra figuras de pájaros, les diese vida con su aliento. No, el Niño Jesús no debía hacer milagros inútiles [...] si no, y es más natural, ¿por qué no fueron llevados milagrosamente a Egipto, cosa tan fácil para Dios? En un abrir y cerrar de ojos habrían estado allí. Pues no; es que su vida fue en todo como la nuestra, y ¡cuántos sinsabores y decepciones! ¡Cuántas veces haría trabajos sin abonárselos! ¡Qué extrañeza causaría la revelación de cuanto sufrieron!
>
> ¡Qué delicia conocer en el cielo cuanto acaeció en la intimida de la Sagrada Familia! Al ir creciendo el niño Jesús puede ser que, viendo ayunar a su Madre, le dijera: «También quisiera ayunar yo». Y la Santísima Virgen le

82. Papa Pablo VI, *El ejemplo de Nazaret,* (Alocución en Nazaret, 5 de enero de 1964).

respondería: «No Jesusito mío, aun eres muy niño, no tienes fuerzas». Y quizás, ¿no se atrevió a negárselo?[83]

Lo que más me edifica cuando medito el secreto de la Sagrada Familia, es la idea de una vida del todo ordinaria. La Santísima Virgen y San José sabían ciertamente que Jesús era Dios, y, sin embargo, muchos misterios les estaban ocultos, y como nosotros, vivían de fe. ¿No os ha extrañado esa afirmación del texto sagrado: ¿Ellos no comprendieron lo que les decía? Y aquella otra no menos misteriosa: sus padres estaban maravillados de lo que se decía de Él. Pues esta admiración arguye sorpresa[84].

Y termina Santa Teresita preguntándose:

¿Y San José bendito? ¡Oh, cuanto le amo! ¡Él no podía ayunar por ser trabajador! Le veo sudoroso; limpiarse la frente de vez en cuando... ¡Me apena su trabajo!... ¡cuán sencilla me parece que debió de ser su vida! Las mujeres del país venían a conversar familiarmente con la Santísima Virgen; a veces le pedían que les cediese a Jesús para que jugase con sus hijos. Y el Niño Jesús miraba a la Santísima Virgen para saber si debía irse con ellos[85].

Vida sencilla de trabajo, amor, fe, oración. Así sigue San José ayudando a que podamos fundar Nazaret, cada uno según le pide el Señor.

---

83. Santa Teresita de Lisieux, *Últimas conversaciones* 20.8.14.
84. Id., *Consejos y recuerdos* nº 99.
85. Id., *Últimas conversaciones* 20.8.14.

Lo que voy a contar a continuación sucedió en Shangai en 1934. El abogado Lo Pa Hong, cristiano ferviente y padre de nueve hijos, vuelve a su casa. Es casi de noche. Ve a un chino acostado en el suelo.

Y piensa ¿estará borracho? ¡No! El pobre hombre se desplomó agotado, abandonado. Lo Pa Hong llama a un camillero para trasladarlo hospital más próximo. ¡Allí, rechazo! Después de eso, el camillero deja su carga y desaparece. Entonces el buen samaritano carga al enfermo sobre sus hombros y lo lleva a su casa. [...] Allí, lo cuidará y lo sanará.

Esa noche, Lo Pa Hong no podrá dormir. Un pensamiento le obsesiona. ¡Si pudiera construir un hospital de unas cuarenta camas, algunos pobres enfermos podrían sanar! Conoce un cementerio abandonado que actualmente sirve para depurar aguas residuales. Es allí donde, a la caída la noche, las mujeres sin corazón dejan sus bebés, que terminan muriendo y siendo devorados por las alimañas. Entonces compra el terreno, pero pronto se queda sin dinero. No quedan más que 80 dólares. ¿Qué hacer? Compra una estatua de San José y la coloca en el medio del terreno. Luego se dirige al gran santo: «Querido San José, si quieres que allí se levante una casa de caridad y misericordia, ¡ayúdame, no tengo nada más!»

Y se pone a pedir. ¿Encontrará manos y corazones abiertos...? Nota tanto la ayuda de San José que no solo terminará esta construcción, sino que acabará construyendo otros dieciséis grandes edificios, entre ellos varios hospitales, un orfelinato para niños abandonados, un hogar para albergar a las mujeres perdidas; un centro para ciegos, otro para inválidos, una escuela profesional para jovencitas; una escuela de artes y oficios. Luego treinta y tres iglesias o capillas para la región. Todo esto se transformó en una pequeña ciudad y gran obra de caridad. Lo Pa Hong bautizó doscientas personas entre ellas algunos condenados a muerte, bautizados justo antes de la ejecución.

Lo Pa Hong habló, pidió, rezó y se sacrificó hasta el 30 de diciembre de 1937. A los 64 años, murió mártir de la caridad. Dos hombres a sueldo le asesinaron.

¡Un santo de nuestro tiempo! San José le permitió realizar una obra de caridad sin igual[86].

Todo muy sencillo, sin milagros extraordinarios, pero San José movió la caridad de muchos y especialmente de este Lo Pa Hong.

Meditemos hoy en San José, en su vida del todo ordinaria y sencilla en Nazaret. Le pedimos que se nos conceda que nuestras familias vivan esa misma vida de amor, de entrega y que todos nosotros tengamos esa fidelidad cotidiana y sencilla del día a día. Le encomendamos también la gracia que solicitamos para este mes.

San José esposo de la Virgen María, padre y custodio de la Sagrada Familia, celestial patriarca del pueblo de Dios, ruega por nosotros.

Que Dios te bendiga querido lector y hasta mañana si Dios quiere.

---

86. Abadía San José de Clairval, *Op. cit.*, 95-96.

Día 19
San José, y el niño perdido y hallado en el templo

Muy querido lector:

Dentro de 12 días nos consagraremos a San José. Qué alegría saber que al unirnos a él, nos unimos de un modo especial también a la Santísima Virgen María, su esposa y junto con ellos podemos ser más perfectamente consagrados al Corazón de Cristo.

Vamos a meditar hoy en San José cuando el Niño se perdió en el Templo: Nos lo narra el Evangelio de San Lucas capítulo 2, 41 y siguientes:

> Sus padres iban cada año a Jerusalén por las fiestas de Pascua. Cuando Jesús cumplió doce años subieron a las fiestas según la costumbre, y cuando éstas terminaron, se volvieron; pero el niño Jesús se quedó en Jerusalén, sin que lo supieran sus padres. Estos, creyendo que iba en la caravana, al terminar la primera jornada se pusieron a buscarlo entre los parientes y conocidos; y, como no lo encontraban, volvieron a Jerusalén en su busca. A los tres días lo encontraron, por fin, en el templo. (Lc 2,41-52).

San Juan Pablo II, explicaba el sentido de este pasaje diciendo:

> A través de este episodio, Jesús prepara a su madre para el misterio de la Redención. María, al igual que José, vive en esos tres dramáticos días, en que su Hijo se separa de ellos para permanecer en el Templo, la anticipación del triduo de su pasión, muerte y resurrección. Al dejar partir a su madre y a José hacia Galilea, sin avisarles de su intención de permanecer en Jerusalén, Jesús los introduce en el misterio del sufrimiento que lleva a la alegría, anticipando lo que realizaría más tarde con los discípulos mediante el anuncio de su Pascua[87].

Me imagino a Jesús escondido como un gitanillo en algún rincón de Jerusalén, y llorando de la pena que tiene por hacerles sufrir a sus padres. Él lo hace para prepararlos, sabe que es voluntad del Padre eterno hacerlo así, pero no quita que le duela el dolor que van a sentir.

Metámonos en el corazón de San José, dirá la Virgen: «Tu padre y yo te buscábamos angustiados». ¿Qué pasaría por su cabeza estos tres días? Quizá se sintió culpable, quizá iba pensando: «Dios me lo confió para que lo cuidara y justo ahora cuando ha alcanzado la mayoría legal, cuando ya tiene 12 años y puede entrar al recinto de los hombres en el Templo, y puede venir conmigo, justo ahora yo me descuido y pienso que irá con su madre en la caravana. Por este descuido mío, quizá he adelantado la hora de la espada que va a traspasar el corazón de su madre, mi esposa María».

---

87. San Juan Pablo II, *Audiencia general,* (Roma, 15 de enero de 1997).

«Quizá cuando lo encontremos, esté muerto y nos lo encontremos como un corderito sacrificado». José en sus pensamientos, llega hasta la angustia que no puede disimular ante María su esposa. María a su vez, no puede descansarle porque está con la misma angustia en el corazón. ¡Cuanto podemos aprender de José en estos momentos! Angustia sí, pero desesperanza no. Le repetiría al Padre: «En ti Señor confié y no me veré defraudado. Socórrenos Señor». Como pasarían aquellas dos noches José y María sin poder dormir, buscando por todas partes, sin encontrar consuelo. ¡Qué tremenda noche oscura la de San José!, qué bien le pegan las palabras del *Cántico espiritual*:

¿Adónde te escondiste,
Amado, ¿y me dejaste con gemido?
Como el ciervo huiste
habiéndome herido;
salí tras ti clamando y eras ido.
Pastores, los que fueres
allá por las majadas al otero,
si por ventura vieres
aquel que yo más quiero,
decidle que adolezco, peno y muero
[...]
¡Ay!, ¿quién podrá sanarme?
Acaba de entregarte ya de veras;
no quieras enviarme
de hoy más mensajero
que no saben decirme lo que quiero.
[...]

Descubre tu presencia
y máteme tu vista y hermosura;
mira que la dolencia
de amor, que no se cura
sino con la presencia y la figura[88].

Qué sed tendría José y con qué empeño buscó por todas partes. Qué dolor por pensar que no había cumplido bien la Voluntad del Padre, por no haber sabido cuidar al tesoro que se le había confiado.

> Qué alegría al tercer día cuando dice el Evangelio: Lo encontraron por fin en el templo, sentado en medio de los maestros, escuchándolos y haciéndoles preguntas: todos los que lo oían quedaban desconcertados de su talento y de las respuestas que daba. Al verlo se quedaron extrañados, y le dijo su madre: –Hijo, ¿por qué te has portado así con nosotros? ¡Mira con qué angustia te buscábamos tu padre y yo! Él les contestó: –¿Por qué me buscabais? ¿No sabíais que yo tenía que estar en la casa de mi Padre? Ellos no comprendieron lo que quería decir. (Lc 2,41-52).

María se adelantó y le habló de que debía haber tenido compasión de José y de ella, y Jesús no sólo no rectificó, sino que les habló de su condición de Hijo Único de Dios y de que primero tenía que hacer la Voluntad del Padre. ¡Qué respuesta la de Jesús! Y acto seguido, Jesús muestra que la voluntad del Padre es que les siga

88. San Juan de la Cruz, *Cántico espiritual: Canciones entre el alma y el Esposo.*

sujeto, que les obedezca. Dice el texto: Jesús bajó con ellos a Nazaret y siguió bajo su autoridad. Su madre conservaba en su interior el recuerdo de todo aquello. Jesús iba creciendo en saber, en estatura y en el favor de Dios y de los hombres. (Lc 2,41-52). Jesús siguió bajo su autoridad, porque esta era la Voluntad del Padre. El Hijo único de Dios también quiso mostrar que Él cumple lo que predica cuando dice en Mateo 10,37: «El que ama a su padre o madre más que a mí, no es digno de mí». José descansa al ver al Niño vivo, y daría vueltas en su corazón a sus palabras, y descansaría viéndole de nuevo tan obediente como siempre y reposaría todo en el misterio del corazón del Padre eterno «del que procede toda paternidad» (Ef, 3,15).

San José también sabe por esto de pérdidas y hallazgos. El Padre Juan, Abad de la Abadía de Fontfroide (Francia), fue testigo de un favor particular, concedido por San José a un alma que tenía la costumbre de invocarlo. He aquí cómo cuenta el hecho:

> Durante mi estancia en la abadía de Sénanque, me paseaba un atardecer, en contra de mi costumbre, por un prado cercano a la puerta de la entrada. El hermano portero se acercó y me dijo: –Un señor pregunta por Usted… Voy a su encuentro. Era un hombre apuesto, bien vestido, de modales distinguidos, pero parecía muy turbado. A pocos pasos de él, pastaba un soberbio caballo negro, el más hermoso que yo había visto en mi vida. ¡Oh! ¡Qué hermoso animal! El me explicó que el caballo, al que siempre dominaba muy bien, esta vez le había llevado hasta allí sin controlarlo. Me explicó que

era el director del circo imperial de Lyon. Le pregunté si estaba arruinado y me respondió que no, que tenía una fortuna grande de dinero y que sus negocios iban de maravilla, pero que estaba atormentado con la idea de suicidarse. Lo tomé del brazo y le acompañé al interior de la abadía. El empezó a contarme:

Yo nunca conocí a mi padre. A la edad de siete años, perdí a mi madre. Murió un atardecer. Una procesión se la llevó. Primero llegó a la casa un cura con unos niños vestidos de rojo, me dijeron que era para llevar la primera comunión a mi madre. Después de su muerte, cogí el poco dinero que encontré en casa y me fui a un circo vecino. Estaba completamente solo, no tenía ni parientes ni amigos. Le pregunté al dueño del circo si me aceptaba. Al ver que no tenía ni padre ni madre me adoptó y al morir, me dejó su circo. Anduve por todas partes; gané mucho dinero. Pero desde hace un tiempo no sé lo que me pasa: me siento desgraciado, me quiero ahogar.

–Entonces yo le pregunté: ¿Tienes fe?

Y el me respondió: –No sé lo que es. Sólo se una oración que mi madre la hacía y me la hacía recitar todos los días. Se la voy a decir. Y me la recitó, la oración dice así: Dios te salve, José lleno de la gracia divina, bendito seas entre todos los hombres y bendito es Jesús, el fruto de tu virginal Esposa. San José, destinado a ser padre del Hijo de Dios, ruega por nosotros en nuestras necesidades familiares, de salud y trabajo y dígnate socorrernos en la hora de nuestra muerte. Amén.

Me contó que nunca había dejado de decirla todas las noches antes del descanso. Y que ni siquiera sabía quien es San José. Pero que el aburrimiento y el disgusto de todo se apoderó de él y deseó quitarse la vida. Por eso llevó a su caballo a las orillas del Ródano pero que el caballo saltó hacia atrás y escapó. Yo le respondí que eso era la Providencia, el cuidado de Dios que lo había traído hasta allí. Yo le dije: «Dios quiere salvarte, no quiere dejarte morir como un pagano. No es en el Ródano, es en las aguas de la gracia donde tiene que sumergirse». Lo abracé con efusión; él se sintió conmovido. Se quedó no sólo el día siguiente, sino tres días enteros. Lo instruí sobre las verdades fundamentales. Era muy inteligente y Dios le había mostrado que ni los placeres, ni la fortuna dan la felicidad. Se confesó y comulgó. Nos despedimos muy a su pesar. Regresó a Avignon totalmente transformado, ordenó sus negocios, vendió su circo, distribuyó dinero a los pobres y se hizo religioso. Algunos años más tarde, se sintió aquejado de fiebres altas, y murió como un santo, joven aún y desconocido.

Vean, agregaba el buen Padre, lo que le vale a un alma la protección de San José. Fue fiel a la oración, incluso sin comprender lo que decía, ni saber a quién se dirigía. Por eso recibió su recompensa[89].

Meditemos hoy en San José que fue fiel aun sin entender y que no paró hasta encontrar a su Hijo. Pidámosle la gracia de no anteponer nada a la Voluntad de Dios. La gracia también que, si alguna vez nos perdemos o nos desesperamos, que no nos deje de su mano. Le encomendamos también la gracia que solicitamos para este mes.

---

89. Abadía San José de Clairval, *Op cit.*, 16-19.

San José esposo de la Virgen María, padre y custodio de la Sagrada Familia, celestial patriarca del pueblo de Dios, ruega por nosotros.

Que Dios te bendiga querido lector y hasta mañana si Dios quiere.

Día 20
Vida interior de San José, vida según el Espíritu Santo

Muy querido lector:

Dentro de 11 días nos consagraremos a San José. Qué alegría saber que al unirnos a él, nos unimos de un modo especial también a la Santísima Virgen María, su esposa y junto con ellos podemos ser más perfectamente consagrados al Corazón de Cristo.

Vamos a meditar hoy en la vida interior de San José, vida según el Espíritu Santo, en *Redemptoris Custos*:

Dice San Juan Pablo II: «¿Cómo adentrarnos en la profunda vida interior de San José»?[90] Y nos da algunas pautas muy importantes sobre su santidad en relación con María y en relación con Jesús.

Pensemos que queremos entrar en el santo más grande junto con la Virgen María.

Uno de estos días citábamos también el Magisterio de la Iglesia que dice:

> No hay duda de que a aquella altísima dignidad, por la que la Madre de Dios supera con mucho a todas las

90. San Juan Pablo II, *Redemptoris Custos*, 7, (Roma, 15 de agosto de 1889).

criaturas, él se acercó más que ningún otro. [...] Él, participa en la excelsa grandeza de ella. Él se impone entre todos por su augusta dignidad»[91].

Y esto, ¿por qué puede ser? Sin duda, por la acción en él del Espíritu Santo que es donado por medio del Corazón de Jesús y de María. Cuando meditamos el Evangelio de San Lucas capítulo 1, 36 y siguientes, vemos como María, embarazada del Niño Dios, se acerca a su prima Isabel y dice: «en cuanto oyó Isabel el saludo de María, [...] Isabel quedó llena del Espíritu Santo». Y si esto es así con la prima Isabel, ¿no sería mucho más con el esposo José? Claro que sí.

Fijense que San Maximiliano María Kolve dice que «la Virgen María, es la cuasi-encarnación del Espíritu Santo». Es un modo de hablar porque sólo se encarnó el Hijo, pero quiere decir que María se parece mucho al Espíritu Santo. ¡Cómo no iba a querer llenar de dones a su Esposo! Además, de María se dice que es la Esposa del Espíritu Santo. ¡Cómo no iba a querer que José estuviera lleno de él!

San Agustín hablando de la paternidad de José, no según la carne, pero verdadera paternidad explica:

> El Espíritu Santo obró para los dos, [para José y María]. Siendo un hombre justo, dice el evangelista Mateo:

---

91. León XIII, *Quamquam pluries*, (Roma, 15 de agosto de 1889).

justo era el varón; justa la mujer. El Espíritu Santo, que descansaba en la justicia de ambos, dio el hijo a ambos[92].

Lo explicamos un día, a tal madre virginal convenía tal padre virginal. Pero ahora quería subrayar que el Espíritu Santo obró para los dos y descansó en los dos, dice San Agustín.

Todo esto nos hace pensar que aun más que santa Isabel, San José también fue lleno del Espíritu Santo. La pregunta es ¿cuándo es el pentecostés de San José? ¿Desde su concepción, preparándole para su misión? ¿Cuándo conoció a María? No lo sabemos, pero San Juan Pablo II nos da un dato: «Desde el momento de la anunciación, José, junto con María, se encontró en cierto sentido en la intimidad del misterio escondido desde siglos en Dios, y que se encarnó»[93].

Es decir desde la Encarnación, José se encontró seguro en la intimidad de Dios.

Continua San Juan Pablo II:

> La vida de José fue una peregrinación en la fe, José, al igual que María, permaneció fiel a la llamada de Dios hasta el final. La vida de ella fue el cumplimiento hasta sus últimas consecuencias de aquel primer «fiat» pronunciado en el momento de la anunciación mientras que José en el momento de su «anunciación» no pronunció palabra alguna. Simplemente él «hizo como el

92. San Agustín, *Sermón 51*, §19-20 y 30.
93. San Juan Pablo II, *Redemptoris Custos*, 15, (Roma, 15 de agosto de 1989).

ángel del Señor le había mandado» (Mt 1, 24). Y este primer «hizo» es el comienzo del «camino de José»[94].

Al pensar en la vida interior, tendríamos que pensar en San José como el que ha recorrido ese camino interior, desde la vía purgativa a la iluminativa y desde la iluminativa a la unitiva, pasando por las noches del sentido y del espíritu. Noches que en él, seguro, están unidas a la posibilidad de perder a María y a Jesús, pero detrás de las cuales está la acción del Espíritu Santo haciéndole crecer en ese «camino o peregrinación en la fe» de la que nos habla el Magisterio.

Lo que es claro es que, desde el momento de la Anunciación, el Espíritu Santo empieza a actuar con fuerza con los dones sobrenaturales y por eso nos recuerda San Juan Pablo II:

> «José hizo como el ángel del Señor le había mandado, y tomó consigo a su mujer» (Mt 1, 24); lo que en ella había sido engendrado «es del Espíritu Santo». A la vista de estas expresiones, ¿no habrá que concluir que también su amor como hombre ha sido regenerado por el Espíritu Santo? ¿No habrá que pensar que el amor de Dios, que ha sido derramado en el corazón humano por medio del Espíritu Santo (cf. Rom 5, 5) configura de modo perfecto el amor humano? Este amor de Dios forma también –y de modo muy singular– el amor esponsal de los cónyuges, profundizando en él todo lo que tiene de humanamente digno y bello, lo que lleva el signo del

94. Ibíd., 17.

abandono exclusivo, de la alianza de las personas y de la comunión auténtica a ejemplo del Misterio trinitario.

> «José [...] tomó consigo a su mujer. Y no la conocía hasta que ella dio a luz un hijo» (Mt 1, 24-25). Estas palabras indican también otra proximidad esponsal. La profundidad de esta proximidad, es decir, la intensidad espiritual de la unión y del contacto entre personas –entre el hombre y la mujer– proviene en definitiva del Espíritu Santo, que da la vida (cf. Jn 6, 63). José, obediente al Espíritu, encontró justamente en Él la fuente del amor, de su amor esponsal de hombre, y este amor fue más grande que el que aquel «varón justo» podía esperarse según la medida del propio corazón humano[95].

Esta es justo la clave para entender los dones del Espíritu Santo, que ya no son como las virtudes, que son dones de Dios pero que se dan al modo humano, sino que, en José, ese amor esponsal ya es al modo divino, es decir, ya impregnada su caridad con el don de sabiduría del Espíritu Santo.

Lo mismo le pasará con su paternidad con Jesús, con el don de entendimiento que perfeccionó su fe. Por eso dice el Papa San Juan Pablo II:

> José, que desde el principio aceptó mediante la «obediencia de la fe» su paternidad humana respecto a Jesús, siguiendo la luz del Espíritu Santo, que mediante la fe se da al hombre, descubría ciertamente cada vez más el don inefable de su paternidad [...]

---

95. San Juan Pablo II, *Redemptoris Custos*, 19.

La comunión de vida entre José y Jesús nos lleva todavía a considerar el misterio de la Encarnación [...]; por el «misterio» de gracia contenido en los «gestos de Jesús», todos ellos salvíficos, al ser partícipes de la misma fuente de amor: la divinidad de Cristo. Si este amor se irradiaba a todos los hombres, a través de la humanidad de Cristo, los beneficiados en primer lugar eran ciertamente: María, su madre, y su padre putativo, José, a quienes la voluntad divina había colocado en su estrecha intimidad.

Puesto que el amor «paterno» de José no podía dejar de influir en el amor «filial» de Jesús y, viceversa, el amor «filial» de Jesús no podía dejar de influir en el amor «paterno» de José, ¿cómo adentrarnos en la profundidad de esta relación singularísima? Las almas más sensibles a los impulsos del amor divino ven con razón en José un luminoso ejemplo de vida interior [...].

Además, la aparente tensión entre la vida activa y la contemplativa encuentra en él una superación ideal, cosa posible en quien posee la perfección de la caridad[96].

San José tiene la perfección de la caridad que es la santidad, porque está lleno del Espíritu Santo. Tratemos estos días de introducirnos en su vida interior y pidámosle que nos regale vivir según el Espíritu Santo, en las virtudes y los dones. Que junto con María nos hagan vivir santamente, según el Espíritu de las bienaventuranzas.

---

96. Ibíd., 21 y 27.

Este Santo ahora desde el cielo sigue empeñado en hacer santos y que otros vivan su vida interior. Así lo hizo por ejemplo con el hermano Andrés:

> Siendo un niño de 12 años quedó huérfano de padre y madre, y desde ese momento, María y José se convirtieron en sus padres adoptivos. Entró religioso y durante 40 años fue portero del convento y, por más de 60 años, realizó milagros extraordinarios por intercesión de san José. Los milagros realizados los hacía con toda sencillez. A veces, les decía a los enfermos que debían hacer una novena a san José y confesar y comulgar; y, después de la novena, quedaban curados. En ocasiones, les decía que no se preocuparan, que él rezaría a san José personalmente por su caso. Pero lo normal era darles medallas de san José y pedirles que se frotasen en la parte enferma de su cuerpo; o les daba aceite de la lámpara que ardía frente a la imagen de san José, para que se ungieran con él.
>
> En el año 1926, fueron reportados por la prensa 1.611 personas que decían haber sido curadas de graves enfermedades, y otras 7.334 decían haber obtenido favores extraordinarios de orden material o espiritual[97].

Gracias a este santo tan sencillo se fundó el Santuario más grande del mundo a San José, está en Canadá, ¡Algo realmente maravilloso! El hermano André fue beatificado por el Papa Juan Pablo II y canonizado por Benedicto XVI.

---

97. Bergeron Henri-Paul, *O irmao André*, (Sao Paulo: Ed. Loyola, 1984), 71.

Meditemos hoy en la vida interior de San José. Por María y José, recibió el Espíritu Santo, y se movió totalmente por sus impulsos. Pidámosle la gracia de vivir nosotros también a impulsos del Espíritu Santo, viviendo las bienaventuranzas y movidos por los dones. Que nos conceda también la gracia que solicitamos para este mes.

San José esposo de la Virgen María, padre y custodio de la Sagrada Familia, celestial patriarca del pueblo de Dios, ruega por nosotros.

Que Dios te bendiga querido lector, y hasta mañana si Dios quiere.

Día 21
San José, bienaventurado pobre de espíritu, unido al don de temor

Muy querido lector:

Dentro de 10 días nos consagraremos a San José. Qué alegría saber que al unirnos a él, nos unimos de un modo especial también a la Santísima Virgen María, su esposa y junto con ellos podemos ser más perfectamente consagrados al Corazón de Cristo.

Vamos a meditar hoy en la vida interior de San José, considerando la bienaventuranza de Pobre de espíritu unido al Don de Temor.

Garrigou-Lagrange en su precioso tratado de las tres edades de la vida interior explica lo siguiente: «Las ocho bienaventuranzas del sermón de la montaña condensan de modo admirable los principios que constituyen el ideal de la vida cristiana y revela toda su sublimidad»[98].

Citando a San Agustín y a Santo Tomás dice:

---

98. R. Garrigou-Lagrange, *Las tres edades de la vida interior* (Buenos Aires: Desclée de Brouwer, 1950),188.

Las ocho bienaventuranzas van en orden ascendente: las tres primeras (que harían más referencia a la vía purificativa de la vida espiritual) miran a la felicidad que se encuentra en la huida y liberación del pecado, en la pobreza sobrellevada por amor de Dios, en la mansedumbre y en las lágrimas de la contrición. Las dos bienaventuranzas siguientes (que harían referencia a la vía iluminativa de la vida espiritual) pertenecen a la vida activa del cristiano: se refieren a la sed de justicia y a la misericordia con el prójimo. Y vienen luego las tres bienaventuranzas últimas (que harían referencia a la vía unitiva de la vida espiritual) se refieren a la contemplación de los misterios divinos: la limpieza de corazón que dispone a ver a Dios, y la paz que acompaña a la verdadera sabiduría. En fin, la última y más perfecta de las bienaventuranzas, es la que concentra o reúne las anteriores en el centro mismo de la persecución sufrida por la justicia; son las últimas pruebas, condición indispensable de la santidad[99].

Me parece este un esquema precioso para ir adentrándonos estos días en la vida interior de San José. Nosotros no sabemos en qué punto de vida espiritual comenzó San José. Sí sabemos que llegó a ser el santo más grande junto con la Virgen. Y también sabemos, recordando las palabras de San Juan Pablo II, que la vida de José fue una peregrinación en la fe. En esa peregrinación hubo sin duda un crecimiento en gracia y

99. Ibíd., 189.

vamos a tratar de recorrerlos hasta la plenitud de su santidad al entregar su vida al final.

Hoy comenzaremos contemplando a San José como pobre de espíritu: san José vivió en pobreza. No hay más que verle en Belén, o en Egipto. Es verdad que luego en Nazaret no vivieron en la pobreza extrema de Belén, pero vivían como una de las familias sencillas de su tiempo, en un pueblo apartado de toda importancia. Le vemos vivir a San José en pobreza sin murmuración, sin impaciencias, sin codicias, aunque le llegue a faltar el pan y el trabajo. Él tiene puesta la confianza en el Señor.

Lo mismo ante los peligros que le vienen cuando quieren matar al Niño. San José no tiene el alma puesta en las riquezas, en las importancias ni en el orgullo, sino que vive desprendido de los bienes de la tierra. Sí que trata de llevar el pan cada día y de llegar a fin de mes. Se ocupa en ello y lucha por ello, pero su tesoro es Jesús y María y está dispuesto a perder todo como lo hace al ir a Egipto, por salvarlos. Con San Pablo diría tranquilamente que todo lo tiene por basura con tal de ganar a Cristo. Él asume voluntariamente esa pobreza y humillación del mundo. Seguramente cuando Jesús predicó las bienaventuranzas, se acordaba de su padre virginal, de San José. Cuando dijo: «Bienaventurados los pobres de espíritu, porque de ellos es el Reino de los cielos (Mat 5,3)».

Y también pensaría en él cuando dijo que los que lo entregan todo por él, recibirían el ciento por uno en esta vida y después la vida eterna. ¡Cuántos consuelos recibió José, de Jesús y de María en aquellos años de Nazaret! San José, es el santo humilde y pobre que no busca nada para si, que no busca los bienes del cuerpo, ni su fama, ni la reputación, ni el dinero, y esto conmueve el corazón de Dios.

San José vivía esta bienaventuranza y era fruto del don del Espíritu Santo, del santo temor de Dios. Por este don, el Santo Patriarca, vivió siempre obediente a Dios con filial reverencia, aborreciendo todo pecado porque no quería poner triste al Padre eterno al que tanto amaba, ni a María su esposa, ni a Jesús su hijo. Él en todo momento reconocía su pequeñez. Se sabe el más pequeño de la Sagrada Familia y, a la vez, la sirve con la humildad de saber esto y con la autoridad paterna recibida del Padre.

San José está muy unido a los pobres de espíritu y cuando con esta virtud recurrimos a él se vuelca enseguida en ayudarnos.

En este mes de San José ya he visto varios milagros. Una mujer me decía la semana pasada que necesitaba un trabajo urgente y que, tras pedir a San José, enseguida le ha llegado. También un chaval agradecido a vencer las tentaciones de pureza, pidiendo con humildad su ayuda.

Cuentan los monjes de Clairval, que una madre superiora que, tras intentos de varios obreros de sacar un camión del barro, y desistir, ella ató una imagencita de San José en el pañuelo rojo que llevaba el camión al final y les dijo probad de nuevo, ellos se burlaron de ella, pero por la insistencia lo probaron de nuevo y salió inmediatamente[100].

Así San José nos saca de los barrizales impuros en que nos podemos meter.

Él es capaz de abrir un río en un secarral, como ocurrió en Cotignac (Francia) donde hay un monasterio muy importante a San José, recordando esta aparición[101].

También fue capaz también de frenar una inundación en una ciudad de los Estados Unidos, nos lo cuenta una testigo diciendo: «fue colocar una estatua de san José en el exterior y otra sobre el borde de una ventana con una lamparita a sus pies y la lluvia cesó y el nivel del agua comenzó a bajar»[102].

Meditemos hoy en San José pobre de espíritu, y lleno del santo temor de Dios y ante la epidemia mundial que estamos viviendo ahora del coronavirus, pidamos al Señor por medio de San José que nos defienda, que nos libre de la epidemia física, que cure a los enfermos, pero que también nos libere de la epidemia espiritual que llevamos hace años en la que hemos quitado la corona a Dios, y nos lo hemos puesto a nosotros mismos con ese virus que nos metió Satanás de «seréis como dioses». Pidámosle que nos haga humildes, pobres de espíritu, que devuelva a nuestra tierra el santo temor

---

100. Abadía San José de Clairval, *Op. cit.*, 52-53.
101. Ibíd., 104-105.
102. Ibíd., 113.

de Dios, por el que dejemos de blasfemar y volvamos a poner a Dios como el centro de nuestras vidas.

San José esposo de la Virgen María, padre y custodio de la Sagrada Familia, celestial patriarca del pueblo de Dios, ruega por nosotros.

Que Dios te bendiga querido lector, y hasta mañana si Dios quiere.

Día 22
San José, bienaventurado por manso y con el don de piedad

Muy querido lector:

Dentro de 9 días nos consagraremos a San José. Qué alegría saber que al unirnos a él, nos unimos de un modo especial también a la Santísima Virgen María, su esposa y junto con ellos podemos ser más perfectamente consagrados al Corazón de Cristo.

Estamos meditando estos días en la vida interior de San José. Vamos a considerar, hoy, cómo San José es de los mansos que poseen la tierra encendido por el don de piedad.

San José es de esos mansos que no se irritan contra sus hermanos, ni buscan vengarse de sus enemigos, ni buscan el dominio sobre los demás. No hay más que contemplarle, con que mansedumbre obedece al ángel cuando le dice que vaya a Belén. En si, era un decreto injusto, fruto de la vanidad de un gobernante que quería saber cuántos súbditos tenía. Pero José, con mansedumbre, coge a su esposa embarazada y marcha a Belén. Lo mismo a Egipto. Jesús diría más adelante: «Si alguien te da en la mejilla derecha, preséntale la izquierda». (Mat 5,38). San José ya lo está viviendo.

Los mansos no se obstinan con terquedad en el propio juicio, sino que sencillamente dicen: así es, o, así no es, sin jurar por el cielo ni por ninguna cosa de la tierra, simplemente por la nobleza de su palabra. (Cf. Mat 5,27).

Así es San José. Y un día Jesús diría: «venid a mí que soy manso y humilde de Corazón» (Mt 11,29). Esta mansedumbre Jesús la vio en José. Esta mansedumbre no es esa blandura que no choca con nadie por tener miedo de todos, es una virtud que supone un gran amor de Dios y del prójimo. Es, como dice San Francisco de Sales, «la flor de la caridad». Los mansos poseen la tierra porque la conquistan por la bondad.

San José, no juzga temerariamente, porque no ve en el otro un rival a quien hay que hacer de lado, sino a un hermano a quien socorrer, a un hijo del mismo Padre celestial. Es el don de piedad el que inspira esta benignidad que camina de la mano con un filial afecto a Dios, nuestro Padre común.

El don de piedad debió actuar sobre san José desde muy niño. Cuenta la beata mística Ana Catalina Emmerich:

> José tendría ocho años más o menos. Era de natural muy distinto a sus hermanos, era muy inteligente y aprendía todo muy fácilmente, a pesar de ser sencillo, apacible, piadoso y sin ambiciones. Sus hermanos lo hacían víctima de toda clase de travesuras y lo maltrataban [...].
>
> Lo he visto con frecuencia bajo la galería del patio, de rodillas rezando con los brazos extendidos. Sucedía

entonces que sus hermanos se deslizaban detrás de él y le golpeaban. Una de las veces vi cómo le golpeaban y parecía no advertirlo y le dieron más fuerte y vi como cayó al suelo. Comprendí por esto que José debía estar arrebatado en éxtasis durante la oración. Cuando volvió en sí, no dio muestras de alterarse, ni pensó en vengarse: buscó otro rincón aislado para continuar la plegaria [...]. Años más tarde le vi. José era muy piadoso y oraba por la pronta venida del Mesías[103].

El Espíritu Santo, por el don de piedad, imprimió constantemente en el alma de San José un afecto filial hacia Dios, como a verdadero Padre. Sentía vivamente esa filiación divina amando a los demás hombres como hijos también de Dios y verdaderos hermanos. Cuando conoció a la Virgen María, creció aún más su piedad con su ayuda. Descubrió en ella, la presencia de Dios y la custodió con toda delicadeza. Al llegar el Hijo de Dios al mundo, José se volcó en ternuras paternas con Él. Alma adoradora que consuela el Corazón de Dios y el Corazón de la Virgen.

San José ahora sigue bendiciendo a los mansos y a los piadosos.

En una modesta casa de Burdeos, vivía, una mujer joven cuya vida triste y abandonada era lamentada por todos, y con razón. Su marido, arrastrado por las malas compañías, abandonaba el hogar doméstico y no volvía sino para maldecir la miseria y las privaciones que lo esperaban allí.

---

103. Ana Catalina Emmerick, *Op. cit.*, 65-66.

Su esposa lloraba y rezaba, pero no murmuraba. Para consolarse tenía una niñita cuya ternura angelical la compensaba del abandono en que la dejaba su marido. De noche, durante las largas veladas que pasaba sola, la pobre madre, antes de poner a la niña en su cuna, le enseñaba sus oraciones. Luego, la dormía repitiéndole los dulces nombres de Jesús, María y José.

Un día, sin embargo, su marido, no habiendo encontrado a sus compañeros de diversión, decidió volver a su casa a terminar la velada apenas comenzada. En el momento en que iba a entreabrir la puerta, se detiene: la voz de su mujer lo impresionó: «¿Con quién puede hablar?» se pregunta, el corazón preso ya de injustas sospechas. Empujó la puerta suavemente. ¡Qué espectáculo se ofrece entonces a su vista! La joven mujer está de rodillas, tiene a su hija en sus brazos y termina con ella la oración de la noche. «Hija mía, dice, roguemos ahora por tu papá al que amo tanto y al que tú amarás mucho también, seguramente. Encomendémoslo a San José, su patrono». Entonces, la niña aprieta más fuerte sus manitas cruzadas sobre su pecho y vuelve a decir con su madre la oración de cada día: «¡Oh Dios mío! ¡Oh San José! ¡Bendícelo!

El marido, enternecido por esta escena, no puede resistir. Viene a arrodillarse cerca de la cuna, reza con su esposa y su querida hija y Dios le da a cambio de esta plegaria el amor de la familia, así como un corazón purificado. Luego, buen cristiano y padre feliz, dijo adiós a las malas compañías y encontró su alegría y descanso en su propia casa[104].

---

104. Abadía San José de Clairval, *Op. cit.*, 32-33

Meditemos hoy en San José manso y lleno del don de piedad. Pidámosle nosotros también que nos conceda la mansedumbre, en momentos de dificultad como el que estamos viviendo ahora con el estado de alarma por la pandemia. En la dificultad es donde se templa el verdadero manso según Dios. Que fácil es en la tensión o en la enfermedad sacar el enfado y la ira.

Hemos de pedirle a San José que nos conceda tener esa caridad y esa mansedumbre. También pidamos por intercesión de San José al Espíritu Santo, el don de piedad para querer mucho a la Virgen y a Jesús, reunirnos en familia a rezar y también para vernos todos como hermanos, hijos del mismo Padre. Dediquemos un rato a la oración silenciosa y procuremos rezar el Santo Rosario, añadiendo además la intención que tenemos para este mes de San José.

San José esposo de la Virgen María, padre y custodio de la Sagrada Familia, celestial patriarca del pueblo de Dios, ruega por nosotros.

Que Dios te bendiga querido lector, y hasta mañana si Dios quiere.

Día 23
San José, bienaventurado por llorar, unido al don de ciencia

Muy querido lector:

Dentro de ocho días nos consagraremos a San José. Qué alegría saber que al unirnos a él, nos unimos de un modo especial también a la Santísima Virgen María, su esposa y junto con ellos podemos ser más perfectamente consagrados al Corazón de Cristo.

Estamos meditando estos días en la Vida interior de San José. Vamos a considerar hoy, como San José es de los que lloran por lo que hay que llorar, iluminado por el don de ciencia:

Nuestro mundo, se mueve buscando las tres «p»: el poseer, el poder y el placer. Veíamos como San José, vive la bienaventuranza de los pobres contra el poseer, la bienaventuranza de los mansos contra el poder y hoy vemos como vive la bienaventuranza de los que lloran, contra esa mentalidad mundana de buscar el placer y la risa hueca a costa de todo.

San José, al igual que Lázaro en la parábola del rico Epulón, sufre con paciencia y sin consuelo de parte de los hombres. Cuando ve que nadie le abre la posada en Belén, cuando ve que tiene que huir porque quieren matar al Niño, cuando conoce que han matado a los bebés de Belén, y en tantos momentos José llora. Y llora sí, porque le da pena el desprecio a su hijo y también el no poder atender mejor a su esposa, pero también llora iluminado por el don de ciencia porque se da cuenta de que el pecado es el mal mayor.

Nuestro mundo, se alarma por los males físicos como puede ser una epidemia como la que estamos viviendo y sin duda San José, también llora desde el cielo por eso; pero hay que llorar también por el peor de los males y es que nuestra humanidad ha abandonado a Dios. Hoy, como entonces, no quieren que el niño Jesús sea el Rey y la modernidad le ha montado un proceso, una condena a muerte a Cristo. Esto hace llorar a San José. Por el don de ciencia, se ilumina el sentido de la historia.

José, conocía las profecías del gigante de Nabucodonosor que tenía la cabeza de oro, el pecho de plata, los muslos de bronce y los pies de hierro mezclado con barro. Sabía que estos eran diversos poderes de este mundo que se enfrentarían a Dios. Conocía que uno de ellos era el poder establecido en ese momento y que una piedrecita desprendida sin intervención humana, destruía a ese gigante. Así había ocurrido también con el gigante Goliat derribado por una piedrecita lanzada por su antepasado el rey David. Esa piedrecita estaba representando a Jesús. La piedra desechada por los arquitectos que se convertía en piedra angular. Él tenía la esperanza de la victoria de Dios sobre los poderes de este mundo y a la vez, veía con pena como los poderosos y los pueblos no querían recibir a su Salvador; que la Luz vino a este mundo y las tinieblas no la recibieron y esto hace llorar a José. Si los niños de Fátima lloraban al ver el sentido de la historia y los males que vendrían de Rusia si no se consagraba al Corazón Inmaculado de María, más lloraría José al ver al Salvador del mundo despreciado y huyendo como si fuera un delincuente.

También San José llora de alegría emocionado por la ternura del amor de Dios y su bondad tan grande. José es de aquellos de los que dice santa Catalina de Siena:

> Son los más felices porque derraman lágrimas de amor a la vista de la infinita misericordia, de la bondad del Salvador, de la ternura del buen Pastor que se sacrifica por sus ovejas. Estos tales reciben ya aquí abajo consuelo infinitamente superior al que el mundo puede dar[105].

Este don de ciencia que vivía San José, completó el conocimiento y juicio que él tenía de las cosas humanas, capacitándole para juzgar con certeza sobre lo que debía obrar, es decir, como debía utilizar los medios humanos en orden a Dios y a su aprovechamiento sobrenatural.

San José desde el cielo, escucha las lágrimas que se le dirigen.

> Ocurrió en Rusia, en una casa en donde toda señal religiosa ha desaparecido. Sólo la Babouchka (la abuela), en la habitación de arriba, permanecía fiel a Cristo.
>
> Un día, ella saca de su escondite el icono de San José y enciende dos cirios, y es entonces cuando Michailo, su

---

105. R. Garrigou-Lagrange, *Op. cit.*,192.

nieto, la sorprende rezando. El niño hace mil preguntas a Babouchka y se interesa por todo lo que le dice.

Enseguida, se apresura a contar a su madre que él ha rezado a San José con la Babouchka... Matrjona, una atea implacable, reacciona como una víbora herida: «Pequeño imbécil, tú repites lo que las viejas cuentan. En Rusia, no hay Buen Dios, no hay santos y tampoco San José». Luego, con un tono más calmado: «Dime, Michailo, ¿has visto ya al Buen Dios? ¿Has encontrado alguna vez a San José? ¿O bien, el Niño Jesús te ha dado algo?... ¡Querido niño, eso son cuentos en los cuales creen aún las viejas mujeres sin instrucción! ¡Desgraciado de ti, si crees en lo que dice la abuela! Los soldados vendrán y nos llevarán a todos como se llevaron al tío Iván. Entonces, llamarás a Dios en vano… ¡A Él no le importará nuestra suerte! ¿Entendido?

Jelissay, el padre, asiste a la escena con el alma inquieta. Unos amigos y paisanos de Matrjona se quedan por varios días con ellos. Son acogidos con la hospitalidad proverbial de los rusos. La vida en esa hacienda aislada será menos monótona. Gracias a la magnífica troica, organizan grandes excursiones. Los días pasan rápidos. Llega la fiesta de San José que, antes, era celebrada con solemnidad y al repique de campanas.

En ausencia de la familia y de sus huéspedes, la Babouchka enciende los cirios delante del icono de San José y ora a este gran santo en unión con los numerosos corazones rusos que han permanecido fieles a la fe de sus padres.

Al día siguiente, Matrjona vuelve con el niño enfermo. Por la noche, todo su cuerpo tiembla. La fiebre subе, los padres están enloquecidos. Los visitantes se van y prometen enviar un médico desde la ciudad más próxima. La madre vela día y noche a la cabecera de la cama del niño. Cuando por fin el doctor llega, mueve la cabeza y declara que el niño está perdido. Propone a los padres quedarse con ellos si así lo desean, hasta el desenlace fatal. El padre acepta el amable ofrecimiento y espera contra toda esperanza. En cuanto a Matrjona, desesperada, sube a la habitación de su suegra y le suplica que encienda los cirios: «Quiero orar contigo, Babouchka, le dice. Michailo no tiene más que unas horas de vida. Si sana, creeré y no me burlaré más». Prorrumpe en llanto y repite las oraciones rezadas por la anciana. Luego vuelve al lado de su niñito y no le quita los ojos de encima, moviendo los labios como si rezara...

El enfermito delira. Puede morir en cualquier momento. No ocurre así. Después de medianoche, Michaïlo está más tranquilo y poquito a poco se duerme. Al mismo tiempo, la fiebre baja. Con la mayor naturalidad, el médico se levanta y dice: «No tengo nada que hacer aquí. El diablo debe de haber intervenido, no puedo explicarlo de otra manera. Adiós. ¡Felicidades!»

Matrjona sigue al médico con la mirada perdida. Pero Jelissay no entiende el comportamiento de su esposa que le dice: «Querido Jelissay, no sé qué decir: ve a la habitación de tu madre, ella te lo explicará todo». Y sollozando se arrodilla y murmura: «Dios mío, yo creo... San José, os doy gracias».

Enterado de lo que había pasado, Jelissay se pone de rodillas al lado de su esposa y oran juntos. Luego, la besa y va al encuentro de su madre, cuya fidelidad a la fe alcanzó este milagro y la felicidad de la familia.

A la mañana del día siguiente, Michaïlo abre los ojos y mira a sus padres con sorpresa. Pidió algo para comer. Su convalecencia llenó de gozo a sus padres, pero la alegría de haber recobrado la fe fue aún más grande[106].

Meditemos hoy en San José. Bienaventurado porque llora por lo que hay que llorar y porque iluminado por el don de ciencia, supo entender este mundo a la luz de Dios. Pidamos por intercesión de San José, que también nosotros podamos vivir estas tres primeras bienaventuranzas que se obtienen por don del Espíritu Santo con la huida y la liberación del pecado. Pidamos el don de ciencia para entender este mundo a la luz de Dios, para entender qué nos quiere decir Dios con lo que nos está ocurriendo estos días, para que nuestro Occidente sepa ser humilde ante esta epidemia y llore por lo que hay que llorar, por el sufrimiento físico, sí, pero especialmente por el abandono de Dios, por el pecado, por la pérdida de las almas. Dediquemos un rato a la oración, recemos el Santo Rosario y pidamos también la gracia que estamos solicitando en este mes.

San José esposo de la Virgen María, padre y custodio de la Sagrada Familia, celestial patriarca del pueblo de Dios, ruega por nosotros.

Que Dios te bendiga querido lector, y hasta mañana si Dios quiere.

---

106. Abadía San José de Clairval, *Op. cit.*, 66-68.

Día 24
San José, hombre con sed de justicia sostenido por el don de fortaleza

Muy querido lector:

Dentro de 7 días nos consagraremos a San José. Qué alegría saber que al unirnos a él, nos unimos de un modo especial también a la Santísima Virgen María, su esposa y junto con ellos podemos ser más perfectamente consagrados al Corazón de Cristo.

Estamos meditando estos días en la vida interior de San José. Vamos a considerar hoy como San José es de los que tienen hambre y sed de justicia y está sostenido por el don de fortaleza.

Pero antes vamos a considerar como San José, para entrar en esta vida iluminativa, tuvo que pasar por una noche oscura. Garrigou-Lagrange afirma que «la entrada en la vía iluminativa es la segunda conversión, llamada por San Juan de la Cruz purgación pasiva del sentido»[107].

Se pasan sequedades y dificultades que te hacen sentirte como en una noche.

---

107. R. Garrigou-Lagrange, *Op. cit.*, 567.

En San José, estos sufrimientos de los sentidos no sabemos si quizá fueron en su infancia por desprecios que sufrió, o quizá es en su juventud en el momento tan doloroso en que se planteó tener que separarse de su esposa María. Pensemos que fueron tres meses de sufrimiento que bien pudieron preparar completamente el alma del Santo patriarca para el paso a la vía iluminativa. De la que dice San Juan de la Cruz: «Estando ya esta casa de la sensualidad sosegada [...], salió el alma a comenzar el camino y vía del Espíritu [...], llamada iluminativa, con que Dios anda apacentando el alma sin discurso ni ayuda activa de la misma alma»[108].

Empiezan los dones del Espíritu Santo a actuar con mayor fuerza y de un modo muy superior al meramente humano, al modo divino.

Qué alegría para José el verse inclinado hacia el bien, con todo el ímpetu de su corazón. Nota una tremenda hambre y sed de justicia, y está en el más elevado sentido de la palabra, que consiste en dar a Dios lo que se le debe y al prójimo por amor de Dios, todo lo que le corresponde en perfecta obediencia. Así le pasa a José hasta sentir verdadera hambre y sed y nota como Dios se le da como recompensa y como el amor, dilata su corazón sintiéndose así recompensado y pleno.

> Mas para no perder esta sed cuando el entusiasmo sensible se ha apagado, para no perder esta sed y esta hambre de justicia en medio de las contradicciones y de las desilusiones, preciso es recibir dócilmente las

108. San Juan de Cruz, *Noche oscura del sentido*, c. XIV.

inspiraciones del don de fortaleza que impide ceder y dejarse abatir, y hasta levanta nuestro valor en medio de las dificultades[109].

Así le vemos a San José en medio de todas las dificultades que sufrió, con un deseo enorme de contentar a Dios y con una fortaleza grande para emprender todo lo que le pedía.

Para nosotros, tenemos que pedir también este don y esta bienaventuranza. Dice Santo Tomás:

> El Señor «nos quiere hambrientos de esta justicia y que nunca nos sintamos hartos de ella en esta vida, como el avaro nunca se sacia de oro...». Estos hambrientos «sólo en la eterna vida se sentirán hartos y en esta vida en los bienes espirituales»[110].

¡Qué sed tan grande tenía José!, ¡cuánto le saciaba conversar con María y con Jesús!, y a la vez esto aumentaba su sed y su deseo.

A José, a veces se la ha pintado o descrito como anciano débil, y ya veíamos que de eso nada. San José es fuerte, naturalmente por su oficio de carpintero y sobrenaturalmente por vivir el don de la fortaleza.

Fíjense en la siguiente anécdota que nos cuentan los monjes de la abadía de Clairval:

> Un renombrado cirujano danés termina su oración de la mañana con esta jaculatoria: «¡San José, ruega por

---

109. R. Garrigou-Lagrange, *Op. cit.*, 193.
110. Ibíd., 193.

nosotros!» Viendo mi mirada atónita me dice sonriendo: «Siempre tenemos necesidad de este gran taumaturgo (persona que ha recibido del Señor el don de hacer milagros)».

Por la noche, le ruego a mi huésped que me cuente algunos hechos en los cuales San José intervino en su vida. [...] Luego de un momento de indecisión, me dice: «No me gusta hablar de hechos vividos sobre todo cuando se refiere al dominio religioso. [...] Pero quizás le sirva para hacer saber a otros que San José ayuda siempre, si confiamos en él plenamente.

»Por eso, escuche lo que he visto con mis propios ojos y lo puedo afirmar bajo juramento, como también el criminal que expía sus crímenes en prisión, arrepentido por la gracia de Dios.

»Una noche de invierno, tomo el tren en un compartimiento tenuemente iluminado, estoy solo con una gruesa suma de dinero destinada a la construcción de una clínica. Debí dormirme o al menos adormilarme como consecuencia del cansancio debido a mis viajes nocturnos o a operaciones urgentes. Yo no recobro la conciencia sino cuando una sombra silenciosa se lanza sobre mí y el individuo me aprieta la garganta. ¡Imposible alcanzar la alarma! ¡Imposible deshacerme de él para pedir auxilio! Es un coloso que trata de meterme una mordaza en la boca...

»Pienso en San José. A mi llamada, siempre ha venido en mi ayuda. ¿Qué sucederá ahora? En ese mismo momento, un formidable puñetazo venido del exterior de la ventanilla del tren golpea a mi agresor, que me suelta. Nuestras miradas se vuelven a un mismo tiempo hacia el cristal donde aparece un rostro... ¡este rostro! (y el médico muestra la estatua de San José que se encuentra sobre su escritorio). El hombre que me aplasta bajo su rodilla, lanza un grito y desaparece. Como saliendo de un sueño, miro a mi alrededor. El departamento está vacío».

Abre el cajón de su escritorio y continúa: «Solamente esta mordaza y esta navaja se encontraban a mi lado sobre la banqueta. Yo había decidido callarme, pero he aquí que, algún tiempo más tarde, el mismo hombre por su cuenta se presenta en la prisión de reclusos para expiar sus crímenes. Lo hace como un verdadero cristiano arrepentido.

»Dígame, ¿no tenemos suficientes motivos para honrar a San José, que ha intervenido en tantos casos delicados? Diga a los que están apenados que pongan su confianza en San José, quien encontrará una solución a las situaciones más desesperadas»[111].

Meditemos hoy en San José, que vive hambriento y sediento de justicia, de que se realice la voluntad de Dios en la tierra como en el cielo y, a la vez, se mantiene en esta lucha por el don de fortaleza. Pidamos, por su intercesión, que nosotros también venzamos en la lucha contra los pecados, pasemos también con fidelidad la noche oscura del sentido y, con la ayuda del don de fortaleza, tratemos de vivir en la bienaventuranza de los hambrientos y sedientos de justicia y así seremos saciados. Dediquemos un rato a la meditación de estas

---

111. Abadía San José de Clairval, *Op. cit.*, 41-42.

verdades, y recemos el Santo Rosario sin olvidar la intención especial que pedimos este mes.

San José esposo de la Virgen María, padre y custodio de la Sagrada Familia, celestial patriarca del pueblo de Dios, ruega por nosotros.

Que Dios te bendiga queridos lector, y hasta mañana si Dios quiere.

Día 25
San José hombre misericordioso iluminado por el don de consejo

Muy querido lector

Dentro de 6 días nos consagraremos a San José. Qué alegría saber que al unirnos a él, nos unimos de un modo especial también a la Santísima Virgen María, su esposa y junto con ellos, podemos ser más perfectamente consagrados al Corazón de Cristo.

Estamos meditando estos días en la vida interior de San José. Vamos a considerar hoy como San José, vive la bienaventuranza de los misericordiosos iluminado por el don de consejo.

«El tener hambre y sed de justicia no debe ir acompañadas en las acciones del cristiano de celo amargo para con el culpable»[112], sino que es una bienaventuranza que va unida con la de los misericordiosos que alcanzan misericordia.

En San José, la justicia y la misericordia van unidas. Él es el que hace de buen samaritano de la Virgen, del Niño Jesús y de todo el que lo necesite, aunque en

---

112. R. Garrigou-Lagrange, *Op. cit.*, 193.

momentos le haya criticado o perseguido. San José es el merecedor del ciento por uno, porque ha dado el vaso de agua por amor a Dios y ha ayudado a los pobres con sus favores desde la carpintería. José, se siente más dichoso al dar que al recibir, perdona al que le ha ofendido, olvida las ofensas y antes de presentar su ofrenda ante el altar, va a reconciliarse con su hermano.

San José, está iluminado por el don de consejo, que es el que Dios da para perfeccionar la virtud de la prudencia. San José es prudentísimo, porque el Espíritu Santo le ayuda a regir su propia vida y la de la Sagrada Familia. Con qué prontitud obedece al ángel del Señor, y lleva adelante a la familia. A la vez, el don de consejo te hace entender que lo que corresponde al pecador en justicia, es misericordia, porque somos débiles. San José esto lo vive. Está inclinado a la misericordia, atento a los sufrimientos del prójimo, y busca siempre la palabra que consuela y levanta.

San José, lleno de misericordia, está pendiente desde el cielo para ayudar a todos los que ejercen misericordia. Por ejemplo, a las Misioneras de la Caridad que están con los más pobres entre los pobres. Decía la Madre Teresa de Calcuta:

> Confiamos en el poder del Nombre de Jesús, y también en el poder intercesor de San José. En los comienzos de nuestra Congregación, había momentos en los que no teníamos nada. Un día, en uno de esos momentos de gran necesidad, tomamos un cuadro de San José y lo pusimos boca abajo. Esto nos recordaba que debíamos

pedir su intercesión. Cuando recibíamos alguna ayuda, lo volvíamos a poner en la posición correcta.

Un día, un sacerdote quería imprimir unas imágenes para estimular y acrecentar la devoción de San José. Vino a verme para pedirme dinero, pero yo tenía solamente una rupia en toda la casa. Dudé un momento en dársela o no, pero finalmente se la di. Esa misma noche, volvió y me entregó un sobre lleno de dinero: cien rupias. Alguien lo había parado en la calle, y le había dado ese dinero para la Madre Teresa[113].

Las hermanitas de los pobres que tienen también como especial protector a San José, cuentan también cantidad de anécdotas de su intervención. Por ejemplo, la colecta habitual del mes de septiembre en Kerala, debió ser suspendida ese año, según contaron las Hermanitas de una casa del sur de la India. Ellas acudieron a San José con gran fervor, y esa inmensa confianza que comparten todas las Hermanas de la Congregación, pidiéndole que les solucionara ese problema, porque la gente de este Estado, aprecia la obra en favor de las personas en edad y es muy generosa.

Apenas había sido tomada la decisión, nuestro buen Santo comenzó a enviarles sorpresas. Una de las más inesperadas, fue una ofrenda de 1500 dólares, de parte de una persona desconocida de las religiosas.

Algún tiempo después, otra persona que no había oído hablar jamás de la congregación, realizó la venta

113. Madre Teresa de Calcuta, *Los cinco minutos de la Madre Teresa*, (Buenos Aires, Ed. Claretiana, 2000), 60.

de un terreno en condiciones ventajosas. Hablando con un funcionario de Kotagir, ciudad bastante alejada de la de las Hermanas, expresó su deseo de hacer algo por los pobres. Este funcionario, que antes había trabajado en la ciudad de las religiosas, le dijo que conocía una institución en la cual, su contribución sería bien utilizada. El bienhechor, las visitó sin dar razón de su presencia allí. Muy impresionado por los residentes, y por todo lo que había visto, puso en manos de la Madre Superiora, en el momento de despedirse, un cheque de 750 dólares. Como ella le preguntaba a nombre de quién debía hacer el recibo, él respondió: «Alguien que os quiere bien»[114].

San José ama mucho a los misericordiosos. Pidámosle que interceda por nosotros para que, de verdad lo seamos.

Recuerdo otra anécdota que me ocurrió a mí con San José.

Un día, estando yo en Pamplona, nos llamó la policía a eso de las 5 de la mañana porque estaba la iglesia de par en par abierta y la puerta del despacho estaba reventada. En seguida, cogimos el coche y fui, junto con el que era entonces mi coadjutor, a ver qué había pasado. Recuerdo que mientras íbamos, rezamos a San José pidiéndole que primero no hubieran profanado el Santísimo, después pedíamos también que no se hubieran llevado las reliquias, ni nada sagrado y, por último, que materialmente se hubieran llevado lo menos posible. Entramos y pudimos ver el sagrario intacto y

114. Abadía San José de Clairval, *Op. cit.*, 63.

las reliquias en su sitio, y efectivamente estaba la puerta del despacho reventada y todos los papeles revueltos, pero no habían visto dinero que había por allí y lo único que se habían llevado era un sobre con 140 euros en el que ponía: donativo para una imagen de San José Era un donativo que alguien anónimo nos dio, a la vez que una persona nos había regalado una imagen de San José. Así que no sabíamos muy bien qué hacer con ese donativo y estaba ahí a la espera. ¿A la espera de qué? pues a la espera de que San José dijera: «venga ladrones, llevaros este donativo que es mío y dejad intacto todo lo demás». Me parece un detalle de justicia y a la vez de misericordia.

Que sepamos compaginar la justicia y la misericordia, porque así podremos entrar plenamente en la intimidad de Dios y regir nuestra vida, iluminados por el don de consejo. Meditemos hoy estas verdades, recemos el Santo Rosario, y presentemos al Buen Dios por medio del santo patriarca, la intención especial para este mes. Meditemos hoy en San José lleno de misericordia, y viviendo siempre como Dios manda en profunda caridad con los necesitados.

San José esposo de la Virgen María, padre y custodio de la Sagrada Familia, celestial patriarca del pueblo de Dios, ruega por nosotros.

Que Dios te bendiga querido lector y hasta mañana si Dios quiere.

Día 26
San José, limpio de corazón, iluminado por el don de entendimiento

Muy querido lector:

Dentro de 5 días nos consagraremos a San José. Qué alegría saber que al unirnos a él, nos unimos de un modo especial también a la Santísima Virgen María, su esposa y junto con ellos podemos ser más perfectamente consagrados al Corazón de Cristo.

Estamos meditando estos días en la vida interior de San José. Vamos a considerar hoy como San José, es limpio de corazón y está iluminado por el don de entendimiento.

Pero antes tenemos que considerar la otra noche que tuvo que pasar San José. La noche oscura del alma, noche del espíritu. Antes de pasar a la vida de unión plena con Dios, vida contemplativa.

Dice Garrigou-Lagrange:

> Así como la purificación pasiva de la sensibilidad se manifestó por la privación de la consolación sensible [...], la purificación del espíritu parece consistir en

primer lugar en la ausencia de las luces anteriormente recibidas acerca de los misterios de la fe[115].

Dice san Juan de la Cruz:

> Dejando a oscuras el entendimiento [...] y la voluntad a secas [...] y las aficiones del alma en suma aflicción amargura y aprieto, privándola del gusto que antes sentía de los bienes espirituales. [...]
>
> No es sólo sequedad sensible, sino que es una desolación de orden espiritual [...]. Debe entonces el alma caminar a «oscuras en pura fe, la cual es noche oscura para las potencias naturales».

Pobre San José. Cuánto debió sufrir interiormente en esta noche, que seguramente incluyó externamente la noche de la huida a Egipto cuando querían matar al niño. Y también las noches de Nazaret, donde la gente despreciaba al «hijo de María» y al «hijo del carpintero» y, por eso, un día allí Jesús no podría hacer milagros, pero José vivió interiormente esta noche, fatiga del corazón, que le hizo entrar después, en la vía unitiva de los perfectos.

Las dos bienaventuranzas que corresponden a este estado de vida son la de los limpios de corazón y de los pacíficos.

Veamos hoy a San José limpio de corazón.

Nuestro mundo tan impuro y tan relativista, nos trata de proyectar que es imposible alguien como San

---

115. R. Garrigou-Lagrange, *Op. cit.*, 943.

José. Sin embargo, Dios realizó en él la maravilla de la sencillez profunda y del amor puro. La limpieza de corazón hace referencia a la verdad y al amor. Los limpios de corazón son sencillos, aceptando la verdad, y además el don de inteligencia da una verdadera penetración de las verdades sobrenaturales y una claridad muy grande para defenderlas. Así, san José, defensor de la virginidad de María y de la divinidad de Cristo, acepta con profundidad la fe. Los que hayan creído que San José no se enteraba de nada, que sepan que, por el don de entendimiento, que purificó y perfeccionó su fe, obtuvo el santo Patriarca un conocimiento mucho más profundo, esclarecido y exacto de todos los misterios y verdades sobrenaturales, penetrando su íntimo sentido y conveniencia especialmente, en aquellos que tan íntimamente prestó su cooperación, como la Encarnación y Redención divinas.

Y a la vez, la limpieza de corazón, hace referencia a la pureza, a la castidad. San José vive un amor limpísimo, como decía el Papa Francisco: «Ama sin poseer». San José, es capaz de tener una ternura infinita con María y, a la vez, la delicadeza de quien no quiere provocar nada impuro. No hemos de pensar en un José estirado y rancio, incapaz de una muestra de cariño. San José, iluminado por el don del Espíritu Santo, es capaz de mostrar gran ternura y, a la vez, gran castidad.

> El santo Padre Pío admiró siempre la altura espiritual de san José. Quiso imitar sus virtudes y recurrió a él en los momentos más difíciles de su vida, obteniendo siempre gracias y favores celestiales.

Él, como san José, se sentía padre y era consciente de los derechos y deberes de su paternidad espiritual. Por este motivo, se dirigía con confianza a este santo, para suplicarle por sus hijos e hijas espirituales. Decía: «Ruego a san José que, con aquel amor y con la generosidad con que cuidó de Jesús, custodie tu alma, y, como lo defendió de Herodes, así proteja tu alma de un Herodes más feroz: ¡el demonio!». «El patriarca san José cuide de ti con el mismo cuidado que tuvo de Jesús: te asista siempre con su benévolo patrocinio y te libre de la persecución del impío y soberbio Herodes, y no permita jamás que Jesús se aleje de tu corazón».

Y san José correspondió al Padre Pío con una asistencia singular y con visiones extraordinarias. En efecto, el Siervo de Dios, en enero de 1912, le contaba a su director espiritual al padre Agustín:

> Barbazul no se quiere dar por vencido. Se ha disfrazado de casi todas las formas. Hace ya días que viene a visitarme con otros de sus satélites, armados con bastones e instrumentos de hierro, y lo que es peor bajo su propia forma. ¡Quién sabe cuántas veces me ha tirado de la cama arrastrándome por la habitación! Pero, ¡paciencia! Casi siempre están conmigo Jesús, la Mamita, el Angelito, San José y el padre San Francisco (Epist. I,252).

Al mismo padre Agustín escribe el Padre Pío, el 20 de marzo de 1921:

> Ayer, festividad de San José, sólo Dios sabe las dulzuras que experimenté, sobre todo después de la misa, tan intensas que las siento todavía en mí. La cabeza y el

corazón me ardían, pero era un fuego que me hacía bien (Epist. I, 265).

El padre Honorato Marcucci, uno de los asistentes del Padre Pío en los últimos años de su existencia terrena, contaba este episodio:

Una tarde del mes anterior al de la muerte del venerado Padre, se encontraba con él en la terraza contigua a la celda n. 1, esperando para acompañarle a la sacristía para la función vespertina. Era un miércoles, día consagrado a san José, y el Padre Pío no se decidía a moverse. De pie ante un cuadro del glorioso Patriarca, apoyado en la pared, el venerado Padre parecía en éxtasis. Pasado un poco de tiempo, el padre Honorato le dijo: –«Padre, ¿debo esperar todavía?; ¿nos hemos de ir?; vamos con retraso». Pero sus preguntas quedaron sin respuesta. El Padre Pío seguía contemplando al glorioso Patriarca.

Al fin, después de que el padre Honorato le arrastrara del brazo y le repitiera por enésima vez la pregunta, el Padre Pío exclamó: –«Mira, mira, ¡qué bello es San José!».

El Padre Pío no dejaba pasar una sola oportunidad sin invitar a sus hijos espirituales a cultivar una sincera y profunda devoción a san José, fuente siempre rica de enseñanzas, de consuelo y de favores.

El repetía: «Ite ad Joseph! (Gn 41,55). Id a José con confianza absoluta, porque también yo, como santa

Teresa de Ávila, «no recuerdo haber pedido cosa alguna a San José, sin haberla obtenido de inmediato»[116].

Meditemos hoy estas verdades. Pidamos a San José que nos regale a nosotros también esa limpieza de corazón, que nos haga entrar en la vida unitiva de amor, pasando por la purificación de la fe. Pidamos tener esa vida de castidad y limpieza que nos haga poder ver a Dios. Recemos el Santo rosario y presentemos al Buen Dios por medio del santo patriarca, la intención especial para este mes.

San José esposo de la Virgen María, padre y custodio de la Sagrada Familia, celestial patriarca del pueblo de Dios, ruega por nosotros.

Que Dios te bendiga querido lector, y hasta mañana si Dios quiere.

---

116. Padre Gerardo Di Flumeri «La vida devota del Padre Pío», *Religión en libertad*, 18 de agosto de 2013, https://www.religionenlibertad.com/blog/30704/la-vida-devota-del-padre-pio.html

Día 27
San José, pacífico e iluminado por el don de sabiduría

Muy querido lector,

Dentro de 4 días nos consagraremos a San José. Qué alegría saber que al unirnos a él, nos unimos de un modo especial también a la Santísima Virgen María, su esposa y junto con ellos podemos ser más perfectamente consagrados al Corazón de Cristo.

Estamos meditando estos días en la vida interior de San José. Vamos a considerar hoy como San José es pacífico y está lleno del don de sabiduría.

> San Agustín y Santo Tomás dicen que la bienaventuranza de los pacíficos corresponde al don de sabiduría que nos da a gustar los misterios de salvación y ver en alguna forma todas las cosas en Dios[117].

El don de sabiduría es el don más alto que hace que veamos todo desde la mirada de Dios y amemos todo desde el corazón de Dios. Es el don que perfecciona la virtud de la caridad, que es la virtud más alta. Te mete en Dios, en su intimidad y en su altura.

---

117. R. Garrigou-Lagrange, *Op. cit.*,195.

San José, vivió este don que le llevó a vivir la caridad con María y con Jesús en grado supremo y, además, le llevó a ver todo desde el plan providente de Dios. El amor que Dios pone en todo ello, le hace a José no ponerse nervioso ni airado, sino ser profundamente pacífico. Pacífico no es no luchar por nada, no, pacífico es buscar intensamente la tranquilidad del orden. Es lo que busca San José. Las inspiraciones del don de sabiduría le traían una paz radiante hacia sí mismo y hacia el prójimo. José, hombre pacífico, ayudaba a tranquilizar a las almas turbadas, a amar a los enemigos, a encontrar palabras de reconciliación con que dar fin a las querellas. José tiene la paz que el mundo no puede dar.

El don de sabiduría perfeccionó la ardentísima caridad de San José, dándole un conocimiento afectivo y experimental admirable de esa presencia e íntima unión con Dios por el amor, juzgando de todo lo demás y ordenándolo todo, a su transformación de lo más profundo de sí mismo en Dios.

Es muy hermoso ver cómo San José ayuda a vivir este don de sabiduría.

Benedicto XVI, un gran devoto de San José, se llamaba a sí mismo «humilde trabajador de la viña del Señor», tiene por modelo a San José.

El Papa Francisco, recién nombrado Papa, dijo: «acogiendo los deseos de Benedicto XVI, quiero que sea mencionado San José en todas las Misas».

San José ayuda a entender, y a entender con el corazón.

Cuentan las Hermanitas de los Pobres:

Un joven hacía sus estudios en la casa del cura de su pueblo, como aspirante al sacerdocio. Deseaba consagrar su vida al servicio de Dios y a la salvación de las almas. Desgraciadamente, tenía tantas dificultades con la lengua latina, que su generoso maestro perdió la paciencia y temió de momento por su éxito. Las lágrimas del estudiante, su aplicación y su piedad contribuyeron, sin embargo, a prolongar la prueba. «Mi querido hijo, dijo el venerable sacerdote, no veo más que un medio para salir de esta situación: es ponerte bajo la protección de San José, rogarle y suplicarle ardientemente que te conceda los talentos que no tienes; de otra manera nos quedaremos en el camino. Vamos, anímate, yo uniré mis oraciones a las tuyas y tengo la firme confianza de que seremos escuchados, porque todo lo consigue la oración perseverante».

El estudiante se arrojó en los brazos de San José y rogó con tanto fervor, que el buen Patriarca lo tomó bajo su amparo de una manera maravillosa. La inteligencia del joven se abrió poco a poco, sus talentos se desarrollaron y terminó sus clases con éxito. Cuando entró en el seminario mayor, se distinguió por sus luces tanto como por sus virtudes, y pudo recibir el sacerdocio. Después fue nombrado sucesivamente profesor de teología dogmática y de teología moral, superior y finalmente vicario general, fue durante muchos años la luz y el consejo de la mayoría de los sacerdotes que dirigió a su vez. Lo que se notaba por encima de todo en este hombre de Dios, era su confianza y su reconocimiento hacia San José, su generoso bienhechor[118].

Que hermoso cómo le enseñó no solo a tener conocimientos en la cabeza, sino a pasarlos humildemente por el corazón.

San José hace hombres santos y sabios en medio de la gente sencilla:

> Sucedió en medio de una epidemia que devoraba toda una región, y que hacía estragos de modo especial entre los pobres. Un sacerdote caritativo entra en una caballeriza baja y húmeda donde sufría una víctima del contagio. ¿Qué ve? Un anciano moribundo tendido sobre harapos sucios. Estaba solo; un haz de heno le servía de cama. Ni un mueble, ni una silla; había vendido todo los primeros días de su enfermedad para procurarse algunas gotas de caldo. De las paredes negras y desnudas pendían una hacha y dos sierras: ahí estaba toda su fortuna junto con sus brazos, cuando podía moverlos. Pero en ese momento, no tenía ya fuerzas para levantarlos.
>
> –Valor, amigo mío, le dice el confesor, es una gran gracia la que el Señor os hace hoy: Ud. va a salir pronto de este mundo donde no tiene más que penas. –¡Penas! replicó el moribundo con voz apagada, Ud. se equivoca; yo tomé a San José por mi patrono y mi modelo, y como él, nunca me quejé de mi suerte. No he conocido ni el odio, ni la envidia; mi sueño era tranquilo. Me cansaba de día, pero descansaba de noche. Las herramientas que usted ve me procuraban el pan que comía con deleite.

---

118. Abadía San José de Clairval, *Op. cit.*, 99-100.

Era pobre, en verdad, pero San José lo era tanto como yo y estuve bastante bien hasta hoy. Si recupero la salud, lo que no creo, iré al taller y continuaré bendiciendo la mano de Dios que me ha cuidado hasta el presente.

El sacerdote, sorprendido, no sabía qué responder a semejante enfermo. Sin embargo, le habló así:

–Amigo mío, puesto que la vida no os ha sido penosa, no debe por eso dejar de disponerse a dejarla, porque hay que someterse a la voluntad de Dios.

–He sabido vivir, prosiguió el moribundo con voz firme; sabré morir. Doy gracias a Dios por haberme dado la vida y por hacerme pasar por la muerte para llegar a Él; noto que llega el momento, aquí está... ¡Adiós, hermano mío!

Así vivió y murió, lleno de paz, este piadoso obrero, este hombre justo, que había tomado a San José por su patrono y su modelo. Seamos nosotros también, durante este mes y siempre, los imitadores de este gran santo[119].

Meditemos hoy estas verdades. Pidamos a San José que nos regale a nosotros también la perfección de la caridad, iluminada por el don de sabiduría. Pidamos tener esa vida pacífica y pacificadora que es fruto del amor de caridad. Recemos el Santo Rosario y presentemos al Buen Dios por medio del santo patriarca, la intención especial para este mes.

---

119. Ibíd., 86-87.

San José esposo de la Virgen María, padre y custodio de la Sagrada Familia, celestial patriarca del pueblo de Dios, ruega por nosotros.

Que Dios te bendiga querido lector, y hasta mañana si Dios quiere.

Día 28
San José, perseguido y muerto por causa de la justicia

Muy querido lector:

Dentro de 3 días nos consagraremos a San José. Qué alegría saber que al unirnos a él, nos unimos de un modo especial también a la Santísima Virgen María, su esposa y junto con ellos, podemos ser más perfectamente consagrados al Corazón de Cristo.

Hoy vamos a considerar la muerte de San José, desde la perspectiva de la bienaventuranza última: «bienaventurados los que sufren persecución por causa de la justicia, porque de ellos es el Reino de los Cielos». Es la más perfecta de las bienaventuranzas porque es la propia de aquellos que están mejor conformados con la imagen de Jesús crucificado. Continuar siendo manso, humilde, misericordioso en medio de la persecución, aun para los mismos perseguidores y en la tormenta, no solo conservar la paz, sino ofrecerla a otros. No todos los santos han sido mártires, pero todos, en diversos grados, han debido sufrir persecución por la justicia, y todos han conocido algo del martirio interior de María Madre de los Dolores. Nadie ha participado tanto de esto como San José.

San José vivía dentro del corazón de la Virgen y del Niño. Cada persecución a ellos la vivía aún más dolorosamente que si se refiriera sólo a él. Estoy convencido de que el martirio del corazón de José, sobre todo fue el pensar que no iba a poder estar al lado de María en el momento supremo en que le traspasase una espada el corazón.

Cuenta la beata mística Ana Catalina Emmerich:

> Hubo José de morir antes que Jesús pues no hubiera podido sufrir la crucifixión del Señor [...]. Padecimientos grandes fueron ya para él las persecuciones que entre los veinte y treinta años tuvo que soportar el Salvador, por toda suerte de maquinaciones de parte de los judíos, los cuales no lo podían sufrir: decían que el hijo del carpintero quería saberlo todo mejor y estaban llenos de envidia, porque impugnaba muchas veces la doctrina de los fariseos y tenía siempre en torno de Sí a numerosos jóvenes que le seguían [...]. A mí siempre me parecieron mayores estas penas que los martirios efectivos[120].

San José sufrió el martirio del corazón y murió de amor antes que Jesús comenzara la vida pública. Él estaba totalmente ofrecido al Señor. Podríamos poner en sus labios lo que cuenta San Rafael Arnaiz:

> Hoy le he ofrecido al Señor lo único que me quedaba... la vida. He puesto a sus pies para que Él la acepte y la emplee en lo que quiera y la tome cuando quiera, y para lo que quiera..., mi vida. [...] Tomaré lo que me

120. Ana Catalina Emmerick, *Op. cit.*, 162-163.

den, haré lo que me manden, obedeceré en todo. Buscaré solamente la voluntad de Dios. Amaré sus deseos y haré de ellos mi única ley. Si Él quiere mi vida larga y penosa..., sea. Si Él la quiere tomar esta noche..., sea. Lo mismo hoy que mañana, que dentro de mil años, mi vida es suya, mi cuerpo es suyo, mi salud, buena o mala es suya. Le he pedido a la Virgen María interceda delante de Jesús, para que acepte mi oblación. ¡Qué alegría tan grande si Dios la aceptara! ¡Qué alegría seria morir por Jesús..., y que Él ofreciera mi vida al Eterno Padre, en reparación de los pecados del mundo; de las guerras; de los pueblos infieles; por los sacerdotes; por el Papa y por la Iglesia! No me importa sufrir y padecer, si Jesús acepta mi oblación. Ya le he dado el corazón..., le he dado mi voluntad... Ahora le doy mi vida. Ya nada me queda más que morir cuando Él quiera. Cúmplase su voluntad y no la mía[121].

Así lo podemos entender en San José también. Aceptación de la voluntad de Dios, y también deseo de martirio. Lo que desea Santa Teresita de Lisieux también lo podemos imaginar como deseo en San José, dice ella:

> Siento en mi interior [...] la vocación de guerrero, de sacerdote, de apóstol, de doctor, de mártir. En una palabra, siento la necesidad, el deseo de realizar por ti, Jesús, las más heroicas hazañas... Siento en mi alma el valor de un cruzado, de un zuavo pontificio. Quisiera morir por la defensa de la Iglesia en un campo de batalla. [...]

---

121. San Rafael Arnaiz, *Escritos. Dios y mi alma (II)*, 27 de febrero de 1938.

Tengo vocación de apóstol. [...] Quisiera recorrer la tierra, predicar tu nombre y plantar tu Cruz gloriosa en suelo infiel. Pero *Amado* mío, una sola misión no sería suficiente para mí. Quisiera anunciar el Evangelio al mismo tiempo en las cinco partes del mundo, y hasta en las islas más remotas... Quisiera se misionero no sólo durante algunos años, sino haberlo sido desde la creación del mundo y seguirlo siendo hasta la consumación de los siglos. [...]

Pero, sobre todo y por encima de todo, amado Salvador mío, quisiera derramar por ti hasta la última gota de mi sangre. [...]

El martirio, he ahí el sueño de mi juventud. [...] Pero siento que también este sueño mío es una locura, pues no puedo limitarme a desear una sola clase de martirio. [...] Para quedar satisfecha, tendría que sufrirlos todos. [...]

Como tú, adorado Esposo mío, quisiera ser flagelada y crucificada... Quisiera morir desollada, como san Bartolomé... Quisiera ser sumergida, como san Juan, en aceite hirviendo... Quisiera sufrir todos los suplicios infligidos a los mártires... [...] Al pensar en los tormentos que serán el lote de los cristianos en tiempos del anticristo, siento que mi corazón se estremece de alegría y quisiera que esos tormentos estuviesen reservados para mí... [...]

Jesús mío, ¿y tú qué responderás a todas mis locuras...? ¿Existe acaso un alma más pequeña y más impotente que la mía...? Sin embargo, Señor, precisamente a causa de mi debilidad, tú has querido colmar mis pequeños deseos. [...]

La caridad me dio la clave de mi vocación. Comprendí que, si la Iglesia tenía un cuerpo, compuesto de diferentes miembros, no podía faltarle el más necesario, el más noble de todos ellos. Comprendí que la Iglesia tenía un corazón, y que ese corazón estaba ardiendo de Amor. Comprendí que sólo el amor podía hacer actuar a los miembros de la Iglesia; que, si el amor llegaba a apagarse, los apóstoles ya no anunciarían el Evangelio y los mártires se negarían a derramar su sangre...

Comprendí que el Amor encerraba en sí todas las vocaciones, que el amor lo era todo, que el amor abarcaba todos los tiempos y lugares... En una palabra, ¡que el amor es eterno...!

Entonces, al borde de mi alegría delirante, exclamé: ¡Jesús, amor mío..., al fin he encontrado mi vocación! ¡Mi vocación es el amor...!

Sí, he encontrado mi puesto en la Iglesia, y ese puesto, Dios mío, eres tú quien me lo ha dado... En el corazón de la Iglesia, mi Madre, yo seré el Amor... Así lo seré todo... ¡¡¡Así mi sueño se verá hecho realidad...!!![122]

Si estos deseos ardían en Santa Teresita, aún más estaban en el corazón de San José. El murió de Amor viendo que el Amor no era amado, y deseando la entrega total de su vida por Jesús y por María.

San José tuvo la suerte de morir entre los brazos de Jesús y de María. Su muerte fue un paso tranquilo a la

122. Santa Teresa de Lisieux, *Historia de un alma*. (Burgos: Monte Carmelo,2003), 229-232.

eternidad. Veamos lo que nos dice al respecto la beata Ana Catalina Emmerick:

> Cuando José murió, estaba María sentada a la cabecera de la cama y lo tenía en brazos, mientras Jesús estaba junto a su pecho [...]. José, cruzadas las manos en el pecho, fue envuelto de lienzos blancos, colocado en un cajón estrecho y depositado en la hermosa caverna sepulcral, que un buen hombre le había regalado[123].

La venerable María de Jesús de Ágreda dice:

> Jesús le dio la bendición y le dijo: Padre mío, descansa en paz y en la gracia de mi Padre celestial y mía. A mis profetas y santos, que te esperan en el limbo, dales alegres nuevas de que llega ya su redención. En los brazos de Jesús expiró el santo y felicísimo José, y Jesús le cerró los ojos. Y, al mismo tiempo, una multitud de ángeles, que asistían con su Rey y Reina, hicieron dulces cánticos de alabanza con voces celestiales y sonoras. Luego, llevaron su alma al limbo de padres y profetas. [...], donde causó nueva alegría ante aquella innumerable redención[124].

Por morir en brazos de Jesús y María la Iglesia llamó a San José «patrono de la buena muerte» (Cat 1014). Y así lo ha demostrado muchas veces. Una de ellas la cuenta Monseñor O. Hair:

---

123. Ana Catalina Emmerick. *Visiones y Revelaciones*, (México: Ed. Guadalupe, Vida de Jesucristo, cap.XCV), 330.
124. María Jesús de Ágreda, *Mística ciudad de Dios*, tomo 5-6 primera parte, libro V, cap XVI.

Monseñor O. Hair un obispo misionero irlandés, se perdió en Sudáfrica. Durante horas se encomienda a San José y cuando por fin encontró una casa, le dijeron: –«llega usted en buen momento en esa casa hay un hombre que se está muriendo». Al verle, el moribundo se echa a llorar de alegría y exclama: –«oh San José sabía que antes de morir me enviarías un sacerdote» y le explicó el moribundo: –«yo soy irlandés cuando era niño mi madre me enseñó a rezar a San José. *Oh San José, obtenedme la gracia de una santa muerte.* He rezado esta oración todos los días de mi vida, y estos días encontrándome tan mal de un modo más fervoroso». El obispo le dio los sacramentos y al día siguiente el enfermo murió en la paz del Señor[125].

Meditemos hoy esta bienaventuranza de los que sufren persecución, que San José la vivió en plenitud, y pidamos que nosotros tengamos estos deseos de dar la vida por Cristo y se nos conceda la gracia de la fidelidad hasta la muerte. Dediquemos un rato de nuestro día a la oración, recemos el Santo Rosario y presentemos al Buen Dios por medio del santo patriarca la intención especial para este mes.

San José esposo de la Virgen María, padre y custodio de la Sagrada Familia, celestial patriarca del pueblo de Dios, ruega por nosotros.

Que Dios te bendiga querido lector, y hasta mañana si Dios quiere.

---

125. Abadía San José de Clairval, *Op. cit.*, 13.

Día 29
San José, en el cielo

Muy querido lector:

Pasado mañana nos consagraremos a San José. Qué alegría saber que al unirnos a él, nos unimos de un modo especial también a la Santísima Virgen María, su esposa y junto con ellos podemos ser más perfectamente consagrados al Corazón de Cristo. Hoy vamos a meditar a San José en el cielo:

Cuenta el Padre Angel Peña:

> Uno de los especiales privilegios concedidos por Dios a san José, según algunos santos, es el de su asunción al cielo en cuerpo y alma. Así lo expresa el famoso teólogo español Suárez, San Pedro Damián y san Bernardino de Siena, san Francisco de Sales, san Alfonso María de Ligorio, la venerable Madre María Jesús de Ágreda, Bossuet, San Enrique de Ossó y Cervelló y otros.
>
> ¿Por qué motivo? Porque Cristo es, sobre todo, redentor de sus padres, a quienes amó con un amor total y a quienes santificó con tal plenitud que los hizo prototipo de los demás redimidos. Además, porque José tuvo una misión universal especialísima y porque parece razonable que la Sagrada Familia, predestinada a iniciar una vida divina del linaje humano con anterioridad a todos

los demás, inicie también la vida gloriosa de la resurrección antes que todos los demás.

Gerson, el gran devoto de san José, habló de la resurrección y de la Asunción de san José al cielo en cuerpo y alma en el sermón pronunciado en el concilio de Constanza el 8 de septiembre de 1416[126].

El famoso italiano Isidoro de Isolano (+1528), llamado el profeta de san José, dice: El evangelio atestigua que los cuerpos de muchos santos resucitaron después de la pasión del Salvador (Mt 27, 52-53). Y estamos persuadidos que, entre ellos, se encuentra, sin duda alguna, el de José. [...] Además, es propio del hijo honrar a su padre y cuidar de su cuerpo después de muerto. Por eso, Cristo, al resucitar los cuerpos de muchos santos, no podía dejar en el sepulcro el cuerpo de su padre putativo. [...] Igualmente, podemos creer que, si en vida honró a José más que a todos los otros, llamándole padre, también lo ensalzaría por encima de todos después de su muerte[127].

San Bernardino de Siena (+1444) predicando en la ciudad de Padua sobre la Asunción de José en cuerpo y alma a los cielos, dijo: Devotamente se debe creer, pero no afirmar como de fe, que el benignísimo Jesús, Hijo de Dios vivo, con igual privilegio adornó a su padre adoptivo que a su madre Santísima; y que así como, cuando murió la Santísima Virgen, se la llevó al cielo en cuerpo y alma, así también el día que resucitó Jesús, se llevó

---

126. P. Ángel Peña, *San José, el más santo de los santos*, (Lima-Perú: 2008).
127. Citado por Llamera Bonifacio, *Teología de san José*, BAC, Madrid, 1953, p. 630.

consigo al justísimo patriarca san José con la gloria de la resurrección; a fin de que así como aquella santa familia, a saber, Cristo, María y José, vivieron juntos en la tierra una vida laboriosa y en conforme gracia, así con amorosa gloria reinen en el cielo en cuerpo y alma[128].

Dice san Francisco de Sales:

> No hemos de dudar en manera alguna de que este glorioso santo goza en el cielo de mucho crédito ante Aquel que tanto le favoreció hasta el punto de elevarlo hasta allí en cuerpo y alma; lo cual es tanto más probable cuanto que no nos queda de él ninguna reliquia en la tierra; y me parece que nadie puede dudar de ello, porque ¿cómo pudo negar a san José esta gracia Aquel que se le mostró obediente durante toda su vida? [...] Y, si es verdad, cosa que debemos creer, que en virtud del Santísimo Sacramento que recibimos, nuestros cuerpos resucitarán el día del juicio, ¿cómo podemos dudar de que hizo subir consigo a los cielos en cuerpo y alma al glorioso san José que había tenido el honor y había recibido la gracia de llevarlo con tanta frecuencia en sus brazos, en los cuales Nuestro Señor tanto se complacía?[129]

La verdad es que, sí es muy lógico que San José esté con la Virgen y con Jesús en cuerpo y alma en los cielos, pero lo que sí es de fe, y no se puede dudar, es que

---

128. Sermón II sobre san José a. 3; citado por Butiñá Francisco, *Glorias de san José*, (Barcelona: Ed. Subirana,1909), 280.
129. Francisco de Sales, *Pláticas espirituales plática XIX*, (Barcelona: Ed. Balmes, 1952), 325-326.

está en el cielo y desde allí intercede para que un día todos sus hijos y sus protegidos podamos subir al cielo.

Un signo precioso de cómo nos ayuda a subir es lo que se ha venido a llamar «las escaleras inexplicables». Lo escribió la hermana M. Florián:

> En 1873, las religiosas de la Academia de Loreto de Nuestra Señora de la Luz, en Santa Fe, sur de los Estados Unidos (Nuevo Méjico), contrataron carpinteros mejicanos para la construcción de una capilla gótica siguiendo el modelo de la Sainte Chapelle de París. Este edificio fue construido en cinco años. Casi acabada la construcción, se descubrió un error o una omisión: no había ningún medio para subir al coro que se encontraba al fondo de la capilla. Se llamó entonces a varios carpinteros, pero sus respuestas fueron todas idénticas: en razón de la altura, resultaba imposible construir una escalera. Ocuparía demasiado lugar en la nave; habría, pues, que usar una escalera de mano o reconstruir completamente el coro. Consternadas, las hermanas de Loreto resolvieron confiar a San José, cuya fiesta estaba próxima, esta dificultad humanamente insoluble. Comenzaron entonces una novena en su honor.
>
> El último día de la novena, un hombre de cabellos entrecanos, acompañado de un asno y llevando una caja de herramientas, se detuvo en la Academia. Pidió hablar con la Madre Magdalena, superiora a cargo del convento en aquella época, y le ofreció sus servicios para la construcción de una escalera. Encantada, la Madre Magdalena aceptó inmediatamente. La construcción duró cerca de seis meses. Algunas religiosas que presenciaron los trabajos, notaron que el misterioso artesano había usado

únicamente una sierra, una escuadra y un martillo. Recuerdan haber visto unas cubas repletas de tajos de madera. Cuando la Madre Magdalena buscó al obrero para pagarle, le fue imposible encontrarlo. Se ofreció una recompensa; nadie la reclamó. Incluso el taller de manufactura de la madera no tenía ningún documento de compra de la madera utilizada. La obra es una escalera circular de 33 escalones y 2 espirales completas de 360°, sin ningún soporte central. Se apoya arriba sobre el coro y abajo sobre el piso que la sostiene completamente. Unos tarugos de madera sirven de clavos.

A lo largo de los años, arquitectos y constructores de numerosos países extranjeros inspeccionan esta obra maestra de la arquitectura. Todos se admiran de ver que esta escalera exista aún. Algunos pensaban que se derrumbaría al poco de usarla, pero a pesar de su empleo diario continúa resistiendo desde hace más de un siglo.

La pregunta es: ¿el mismo San José es el autor de esta magnífica escalera milagro? Las Hermanas de la Academia de Loreto están seguras de que la escalera fue una respuesta a sus oraciones confiadas al glorioso Esposo de Nuestra Señora, el modelo de los artesanos y el que consuela a los afligidos[130].

Hoy nosotros añadiríamos que es el que ayuda a los moribundos a subir al cielo.

Contemplemos hoy con San José, la esperanza del cielo. Deseemos un día poder abrazar allí a la Sagrada Familia. Dediquemos un rato hoy a la oración.

130. Abadía San José de Clairval, *Op. cit.*, 124-127.

Recemos el Santo Rosario y presentemos la intención especial que tenemos para todo este mes.

San José esposo de la Virgen María, padre y custodio de la Sagrada Familia, celestial patriarca del pueblo de Dios, ruega por nosotros.

Que Dios te bendiga querido lector, y hasta mañana si Dios quiere.

Día 30
San José, consagración de esclavitud josefina

Muy querido lector:

Mañana, Dios mediante, pronunciaremos la tan esperada consagración a nuestro querido y bendito san José. Es importante que comprendamos lo que vamos a hacer. Por eso, hoy, con la ayuda de uno de mis hermanos sacerdotes de la Hermandad de hijos de nuestra Señora del Sagrado Corazón, quisiera explicar en qué consiste esta consagración de esclavitud josefina. Estos tres aspectos: consagración, esclavitud y josefina.

1. Consagración:

Consagrarse, es hacer sagrado a algo o alguien. Así, por ejemplo, el cáliz que usamos los sacerdotes en la misa no es una copa cualquiera. Es un vaso sagrado, es decir, una copa que ha sido consagrada para contener el vino que se convierte en la sangre de Cristo. Es una copa dedicada exclusivamente para un uso sagrado. De la misma manera, cuando nos consagramos o consagramos a alguien, le estamos dedicando exclusivamente para Dios. Consagrarse es entregarse del todo a Dios, sin límites y sin reservas. Nosotros, los cristianos, ya estamos consagrados a Dios por el bautismo. Al ser bautizados empezamos a ser hijos de Dios en Cristo.

De tal manera, que podemos decir que en la vida y en la muerte somos del Señor. Así nos lo enseña san Pablo: «Ninguno de nosotros vive para sí mismo y ninguno muere para sí mismo. Si vivimos, vivimos para el Señor; si morimos, morimos para el Señor; en la vida y en la muerte somos del Señor» (Rm 14,7-12). Pero, por desgracia, aunque desde pequeños somos del Señor y estamos consagrados a Él, por el pecado muchas veces nos apartamos de su voluntad.

Si un cáliz consagrado para celebrar la Santa Misa lo usamos para beber con los amigos, lo estamos apartando de su destino y lo estamos profanando. De la misma manera, si usamos nuestro cuerpo o nuestra alma para algo que no sea conforme a la voluntad de Dios, estamos profanando el templo del Espíritu Santo:

> ¿Acaso no sabéis que vuestro cuerpo es templo del Espíritu Santo, que habita en vosotros y habéis recibido de Dios? Y no os pertenecéis, pues habéis sido comprados a buen precio. Por tanto, ¡glorificad a Dios con vuestro cuerpo! (1Co 6, 19-20).

2. Esclavitud

Seguramente más de uno se estará preguntando, ¿por qué le llamamos consagración de esclavitud? ¿Acaso no nos dice Jesús: «ya no os llamo siervos, porque el siervo no sabe lo hace su señor: a vosotros os llamo amigos?» (Jn 15, 15). Vamos a procurar dar respuesta a estos interrogantes.

San Luis María Grignion de Montfort, un gran devoto de la Virgen María, fue quién explicó admirablemente por qué nos consagramos como esclavos. Él explica:

> De siervo a esclavo hay mucha diferencia. El siervo pida paga por sus servicios; el esclavo no. El siervo está libre para dejar a su señor cuando quiera, y no le sirve sino a plazos; el esclavo no puede dejarle sin faltar a la justicia, pues se le ha entregado para siempre. El siervo no da a su señor derecho de vida y muerte sobre su persona; el esclavo se le entrega por completo, de suerte que su señor pudiera hacerle morir sin que la justicia le inquietara. Pero fácilmente echa de ver que el esclavo forzado vive en sujeción más estrecha, tal que no puede propiamente convenir a un hombre sino con respecto a su Creador. Por eso entre los cristianos no hay tales esclavos. ¡Feliz entonces y mil veces feliz el alma generosa que, esclava de amor, se consagra enteramente a Jesús por María, después de haber sacudido en el bautismo la esclavitud tiránica del demonio![131]

Por el bautismo ya no somos siervos, somos hijos, pertenecemos al Señor. Pero ¿pertenecer totalmente al Señor nos hace menos libres? Si fuésemos esclavos de un hombre, de una persona humana, sí nos restaría libertad, pero de Dios no, porque Dios es la verdad y el

131. San Luis Mª Grignion de Montfort, *Obras de San Luis Mª Grignion de Monfort, El secreto de María*. (Madrid: Ed. Balmes, 1954), 281.

bien absoluto: «En Él vivimos, nos movemos y existimos» (Hch 17,28), dice san Pablo.

El santo papa Juan Pablo II, en una homilía en Czestochowa (Polonia), dijo:

> El acto de consagración en la situación de esclavitud indica una dependencia singular y una confianza sin límites. En este sentido, la esclavitud, la no libertad, expresa la plenitud de la libertad, de la misma manera que el Evangelio habla de la necesidad de perder la vida para encontrar su plenitud[132].

La verdad nos hace libres y Cristo es esta verdad que nos hace libres. Cumplir la voluntad de Dios nos hace libres. Por eso nos consagramos, para renovar nuestra consagración y nuestra dedicación a Dios.

3. Josefina

Pero, entonces, ¿por qué decimos que nos consagramos a san José o a santa María? ¿Acaso no nos consagramos a Dios y somos del Señor? Sí, es cierto. Somos del Señor y a Él nos consagramos y renovamos nuestra consagración bautismal. De nuevo san Luis María nos lo explica detalladamente:

> Toda vez que nuestra perfección consiste en estar conformes, unidos y consagrados a Jesucristo, la más perfecta de todas las devociones es sin duda alguna la que nos conforma, une y consagra más perfectamente a este acabado modelo de toda santidad; y pues que María es

132. San Juan Pablo II, *Homilía peregrinación apostólica a Polonia,* (Czestochowa-Jasna Gora, 4 de junio de 1979).

entre todas las criaturas la más conforme a Jesucristo, es consiguiente que entre todas las devociones, la que consagra y conforma más un alma a Nuestro Señor es la devoción a la Santísima Virgen, su Santa Madre y cuanto más se consagre un alma a María, más se unirá con Jesucristo, y, he aquí por qué la perfecta consagración a Jesucristo no es otra cosa que una perfecta y entera consagración de sí mismo a la Santísima Virgen[133].

Por esto, San Juan Pablo II cuando beatificó a los pastorcillos de Fátima dijo:

> Os digo que se avanza más en poco tiempo de sumisión y dependencia de María, que durante años enteros de iniciativas personales apoyadas en sí mismos.
>
> (S. Luis de Montfort, *Tratado de la Verdadera Devoción a la Santísima Virgen*, nº 155). Fue así que los pastorcillos se volvieron santos de prisa. Una mujer que acogiera a Jacinta en Lisboa, al escuchar tan buenos y acertados consejos que la pequeña le daba, le preguntó quién los enseñaba: «Fue Nuestra Señora» –respondió. Entregándose con total generosidad a la dirección de tan bondadosa Maestra, Jacinta y Francisco subieron en poco tiempo a las cumbres de la perfección[134].

Esta consagración a María, se puede y se debe hacer también a san José.

---

133. San Luis Mª Grignion de Montfort, *Tratado de la verdadera devoción a la Santísima Virgen*, n. 120, p. 83
134. San Juan Pablo II, *Homilía beatificación, de los venerables Jacinto y Francisca, pastorcillos de Fátima* (Fátima, 13 de mayo de 2000).

Dice san Luis M.ª sobre san José:

> Nunca se os ruega en vano. Como asegura Teresa vuestro crédito es soberano. Vuestro hijo es Dios glorioso, vuestra esposa es Reina de los cielos, al rogarles les mandáis, si vos lo pedís está todo hecho. ¡Oh poder sin medida!

Por ser el esposo de María y el padre de Jesús, San José lo puede todo. A él Dios le confió, ni más ni menos, que al Verbo hecho carne y a la misma Madre de Dios. A esta iglesia originaria, la Sagrada Familia, él tuvo que custodiar, proteger y cuidar. Por este motivo, el papa beato Pío IX lo declaró en 1870 Patrono de la Iglesia Universal, hace ciento cincuenta años. Y, así como en la primera venida de Jesucristo al mundo, san José le libró de todos los peligros y dificultades, de la misma manera, en los últimos tiempos, san José librará a la Iglesia de las asechanzas y peligros. Así se lo decía el papa León XIII en la famosa oración a san José:

> Aparta de nosotros toda mancha de error y corrupción; asístenos propicio, desde el cielo, fortísimo libertador nuestro, en esta lucha contra el poder de las tinieblas: y, como en otro tiempo librasteis al Niño Jesús del inminente peligro de la vida, así ahora, defiende a la Iglesia Santa de Dios de las asechanzas de sus enemigos y de toda adversidad, y a cada uno de nosotros protégenos con el perpetuo patrocinio, para que, a tu ejemplo y sostenidos por tu auxilio, podamos santamente vivir

y piadosamente morir y alcanzar en el cielo la eterna felicidad[135].

Meditemos hoy en esta consagración de esclavitud josefina, dedicando un tiempo a la oración personal. Recemos el Santo Rosario y presentemos también hoy la petición que estamos poniendo ante san José durante todo este mes.

San José esposo de la Virgen María, padre y custodio de la Sagrada Familia, celestial patriarca del pueblo de Dios, ruega por nosotros.

Que Dios te bendiga querido lector, y hasta mañana si Dios quiere.

---

135. Papa León XIII, *Quamquam pluries: Oración a San José*, (Roma, 15 de agosto de 1889).

Día 31
Fórmula de consagración a San José

Muy querido lector:

Ha llegado el día de hacer nuestra consagración a San José, para ser más perfectamente consagrados al Corazón de Cristo.

No olvidemos que también las familias, los pueblos y las patrias se pueden consagrar a San José. Nosotros queremos consagrarle nuestros corazones, nuestras familias, nuestra vocación y queremos consagrarle también nuestros estudios, trabajos, parroquias, diócesis, ciudades y, también, nuestra Patria.

Nosotros ahora queremos consagrar nuestras personas a San José. Y lo haremos con una fórmula adaptada a San José, de la versión mariana de San Luis María Grignion de Montfort:

Consagración de esclavitud josefina

¡Oh Sabiduría eterna y encarnada! ¡Oh amable y adorable Jesús, verdadero Dios y verdadero hombre! ¡Hijo único concebido desde siempre por el Padre Eterno y engendrado en el tiempo, por obra del Espíritu Santo, en el matrimonio virginal de José y María! Te adoro profundamente en los esplendores y en el seno eterno de tu Padre Celestial y te alabo, en el tiempo de tu Encarnación, por la vida oculta en la intimidad de la Sagrada Familia, ¡oh Gloria de la vida doméstica! Te alabo y glorifico porque te has sometido en todo a José y María, tus santos padres en la tierra, a fin de hacerme por Ellos tu fiel servidor.

Pero ¡ay! ingrato e infiel como soy, no he cumplido las promesas que tan solemnemente te hice en el Bautismo; no he guardado mis deberes, no he merecido ser llamado tu hijo, ni tu siervo, y como no hay nada en mí que no merezca tu repulsa ni tu cólera, no me atrevo a aproximarme por mí mismo a tu Santísima y Augusta Majestad.

Por ello, acudo a la intercesión de tu santísimo padre San José, Custodio de la Sagrada Familia, que Tú me has dado como Protector y Mediador para contigo. Y por este medio, espero obtener de Ti la contrición y el perdón de mis pecados, la adquisición y la conservación de la Sabiduría. Te saludo, pues, ¡oh san José, ilustre descendiente de David!, casto guardián de la Virgen Inmaculada, en donde la Sabiduría Eterna, escondida, quiere ser adorada por los ángeles y los hombres. Te saludo, ¡oh Luz de los Patriarcas y Señor de la Casa de Dios!, a cuya protección está sometida toda la Iglesia Universal, Cuerpo Místico de Cristo. Te saludo, ¡oh consuelo de los desgraciados y patrón de los moribundos!, cuya misericordia no falta a nadie. Escucha los deseos que tengo de la divina Sabiduría, y recibe para ello los votos y las ofrendas que mi bajeza te presenta:

Yo, N., pecador infiel, renuevo y ratifico en tus manos los votos de mi Bautismo. Renuncio a Satanás a sus pompas y a sus obras, y me entrego enteramente a Jesucristo, la Sabiduría encarnada, para llevar mi cruz tras Él, todos los días de mi vida. Y a fin de que le sea más fiel de lo que he sido hasta ahora, te escojo hoy, ¡oh Glorioso san José!, en presencia de toda la corte celestial, por mi Padre y mi Señor.

Te entrego y consagro en calidad de esclavo mi cuerpo y mi alma, mis bienes interiores y exteriores, y aun el valor de mis buenas acciones pasadas, presentes y futuras, otorgándote un entero y pleno derecho de disponer de mí y de todo lo que me pertenece sin excepción, a tu agrado, a la mayor gloria de Dios en el tiempo y en la eternidad.

Recibe, ¡oh José bendito, espejo de paciencia!, esta pequeña ofrenda de mi esclavitud en honor y unión de la sumisión que Jesucristo quiso observar contigo; en homenaje del poder que ambos tenéis sobre este pequeño gusano y miserable pecador; y en acción de gracias por los privilegios con que te dotó la Santísima Trinidad; proclamo que en adelante quiero, como verdadero esclavo tuyo, procurar tu honra y obedecerte en todo.

¡Oh Glorioso san José, amante de la pobreza!, preséntame a tu querido Hijo en calidad de eterno esclavo, a fin de que, como me rescató por ti, me reciba de tus manos. ¡Oh piadoso san José, modelo de los trabajadores! hazme la gracia de alcanzarme la verdadera sabiduría de Dios y de colocarme a este efecto en el número de los que amas, enseñas, guías, alimentas y proteges como hijos y esclavos tuyos. ¡Oh castísimo esposo de la Madre de Dios!, hazme en todo tan perfecto discípulo, imitador y esclavo de la Sabiduría encarnada, Jesucristo, tu Hijo, que, por tu intercesión y a tu ejemplo, pueda santamente vivir, piadosamente morir y alcanzar en el cielo la eterna felicidad. Amén.

* * *

Que Dios te bendiga querido lector, y no dejes de invocar a San José ahora que ya estás consagrado a él.

San José esposo de la Virgen María, padre y custodio de la Sagrada Familia, celestial patriarca del pueblo de Dios, ruega por nosotros.

Homilía en la solemnidad de San José

«Cuando José se despertó, hizo lo que le había mandado el ángel del Señor».

Vamos a contemplar hoy a San José. San José, el custodio de la Sagrada Familia y de todo el pueblo de Dios, padre y custodio. Vamos a invocarle en este año muy especialmente, que hemos celebrado los 150 años de la proclamación de San José, como Patriarca, como Protector, como Patrono de la Iglesia Universal.

El Papa, ha querido dedicarle la exhortación apostólica *Patris corde* y todo este año para que sea un, año Josefino. Está confiado todo a su Patrocinio. Quiero animaros a todos que pongáis una imagen de San José en vuestra casa. No sólo la del Sagrado Corazón, y, por supuesto la de la Virgen, sino también la de San José. Y si alguno dice: no tengo imagen. Que sí que tienes, busca en el Belén. Ya verás cómo puedes sacar el San José del Belén y ponerlo en el salón para tenerlo muy presente.

Cuántos milagros se están dando, cuanto está ayudando San José, cuando uno con fe acude a él y le pide cosas, o le pone un papelito en su base como un modo de oración como hace el Papa. El Santo Padre, tiene una imagen de San José dormido y le pone papelitos debajo.

Le pone cojo, dicen algunos, para que, estando incómodo, se acuerde de tu petición. Cojo no es romperle una pierna, sino cojo es ponerle un papelito en una esquina y estando un poco torcido, le estás pidiendo una intención que tú tienes. Todos tenemos cantidad de necesidades y de intenciones. Así que, pongamos un San José en nuestra vida siempre. Vamos a pedirle a él, que esté junto con María y Jesús, porque nos lleva a ellos.

Hoy quisiera fijarme en cuatro sueños de San José, referidos a nuestras familias, veréis cuánto nos ayudan.

Primer sueño (Mt 1,20ss)

El ángel le dice a San José: Asume la familia que te voy a dar, y no te divorcies.

Le dirá: «No temas recibir a María tu esposa y tú le pondrás nombre a Jesús».

Es la función de esposo, es la función de padre. Y no te separes de esto.

Fijaos que este texto es la anunciación a San José. Es su vocación. En este primer sueño, os invito a que consideréis vuestra propia vocación y que pidáis el Espíritu Santo con todos sus dones para poder llevarla a cabo.

Durante el confinamiento, recibí llamadas de esposos y esposas, hablándome de la dificultad por causa de la pandemia de estar encerrados en la vida familiar con los niños, las tensiones y dificultades que se viven. Me llamaba uno desde el cuarto de baño diciendo: No te puedo hablar muy alto, pero esto está siendo muy complicado, muy difícil.

Miremos a San José. Él en un momento vio un cambio de planes. Tiene que custodiar el Arca de la Alianza, a María que tiene a Dios en sus entrañas y, además, tiene que custodiar a Dios mismo. Él se ve muy pequeño para esto y no sabe qué hacer. ¡Qué dolor pensar en separarse de María!

En sueños, Dios le habla y le pide que acoja a María la cuide y ponga el nombre a Jesús. Él, feliz, lo hace. Ha entendido su vocación.

Tú también esposo, esposa, familia. En un momento vendrá la tentación: «Esto no es lo que yo me imaginaba, es más difícil, yo no puedo…», pero el Señor hoy nos vuelve a decir: «No temas vivir tu vocación, soy Yo el que te ha llamado y yo lo llevaré a término».

Reaviva el don de Dios que hay en ti (2ª Tim 1,6).

El Espíritu Santo te da sus dones para vivir en plenitud tu vocación. Esa familia que Dios te ha dado, es la que tienes que cuidar como San José, como lo hace él.

Inmediatamente, con gran alegría, San José acogió a María su esposa. Cuando San José tiene ese sueño, escucha la voz de Dios a través del ángel, cumpliendo su misión.

Pedimos, lo primero de todo, a San José que tú también asumas y acojas la familia que Dios te ha dado y no la rompas. Es lo primero que San José, estoy convencido, nos quiere decir hoy.

Segundo sueño (Mat 2,13ss).

Salva a tu familia aprisa y a toda costa.

Los tres siguientes sueños de San José, tienen un carácter de emergencia. Palabra que quiero entender en dos sentidos.

Hay una urgencia por actuar rápidamente y también hay que hacer emerger lo que se está hundiendo. Y quisiera con cada uno de los sueños, salir al paso de cada una de las emergencias que tiene la educación de la familia hoy, con los tres pilares que hay que cuidar en la familia para que crezca. Decía Lucía, la pastorcita de Fátima, que el último ataque que Satanás iba a acometer contra la humanidad se centraba en ir contra la familia; y así está siendo en todos los ámbitos.

Vayamos al segundo sueño. ¿Se acuerdan?, están en Belén y dice: «Levántate, toma al niño y a su madre y huye a Egipto. Herodes lo busca para matarle». San José, obedece inmediatamente y tiene que salir corriendo para salvar la vida del Niño.

Esta me parece que es la actitud que tiene que tener hoy la familia ante la primera emergencia que tiene: *Emergencia educativa*, de la que hablaba el Papa Benedicto. Lo primero, quieren matar al niño matando su entendimiento con la dictadura del relativismo y la imposición hegemónica del pensamiento único. Matar, así, al niño por el aborto, por la eutanasia, por el divorcio, por la ideología de género…

Contra esto, la Palabra de Dios nos urge, nos dice: huye. Tenemos que huir de toda esa imposición de ideología. Estamos en plena cuaresma, pero esto sirve para cualquier época del año. Hay que ayunar de tecnología: televisión, internet, redes sociales... a través de la cual, nos la están metiendo.

En el libro del Apocalipsis se nos dice: «Tengo contra ti que toleras a esa mujer que instruye engañosamente a mis siervos haciéndolos fornicar y comer cosas sacrificadas a los ídolos» (Ap 2,14). Seamos vigorosos, retrasando la entrega de tecnología a los hijos y siendo disciplinados en su uso.

Alimentemos la familia con la buena formación. Lectura de la Palabra de Dios, del Magisterio de la Iglesia, el tesoro del Catecismo y de la vida de los santos... Hay que dar criterios claros frente al relativismo y formar así, bien, la cabeza de los miembros de nuestra familia.

Tercer sueño (Mt 2,20)

San José lleva tiempo en Egipto, lugar de idolatría y confusión y, en sueños, recibe la Palabra que le dice: «Vuelve a la tierra sagrada de tu familia, vuelve a la tierra de Israel».

En esto veo yo que Dios, a través de San José, nos invita a que volvamos al amor primero. Como decía el Papa San Juan Pablo II a nuestra patria y a Europa entera: «Vuelve a tus raíces cristianas».

Estamos viviendo una emergencia espiritual. Se ofrecen por todas partes alternativas de falsas espiritualidades que se meten en el alma moviendo al egoísmo y a la soberbia de la auto-salvación del seréis como dioses. Tenemos que volver a nuestras raíces cristianas.

Al comenzar la pandemia, me llamó una familia que se le estaba muriendo la abuelita para que fuera a su casa y me dijeron: bueno ya que vienes, ¿por qué no consagramos la familia al Corazón de Jesús? Y la verdad es que me alegré. Fui allá, estuve dándole los sacramentos. Fue pues una gozada con la abuelita. Luego fuimos al salón y me explican: –mira, este es el Corazón de Jesús de la abuela y lo hemos vuelto a sacar, lo hemos puesto aquí y queremos ahora consagrar nuestra familia al Sagrado Corazón. Yo pensaba, ¡qué maravilla! Es volver a nuestras raíces. Volver a sacar ese Corazón de Jesús, que igual tenemos metido en un armario, empolvado, que nos dio la abuela, y sacarlo de nuevo. Ponlo ahí, venéralo; que Dios desde el cielo, te está escuchando. Vuelve a tus raíces cristianas, España. Tu familia, tu corazón, vuelve a las raíces cristianas. Las romerías a los santuarios marianos. El rezo en familia del Santo Rosario. Las procesiones de Semana Santa. La bendición de la mesa, la asistencia a Misa, a los sacramentos, la confesión. Tenemos que orar. Esta emergencia espiritual nos pide oración. Ordenar nuestra relación personal con Dios, tratando con Él en ratos prolongados de oración, de adoración, de meditación, de alabanza ante el Santísimo.

Cuarto sueño (Mt 2,22)

Ve a Nazaret. Funda Nazaret. La alegría sencilla de la vida familiar.

El ángel le dice, cuando iban hacia Israel, que no fuesen, porque podían aun matar al niño y, entonces, fueron a Nazaret. Nazaret es la vida sencilla, escondida, en este lugar apartado. Es la vida de familia.

Dios nos pide ir a Nazaret y San José quiere que vivamos nuestra santidad en la vida ordinaria, en la vida doméstica. Ser fiel a esa entrega del día a día, en familia.

La palabra de Dios sale aquí al paso de otra emergencia: La emergencia afectiva. Decíamos que los tres pilares para educar son educar el entendimiento con criterios claros; el alma por la piedad y, también, hay que educar la voluntad y el afecto con hábitos buenos. Hace falta no solo calidad de tiempo en familia, sino también cantidad de tiempo. Hay que divertirse y jugar en familia. Hay que buscar tiempos para estar, para demostrar el amor. Esto hay que hacerlo en casa, en la familia doméstica y también tenemos que crear *familia de familias* donde los hijos jueguen juntos y se hagan amigos teniendo en común, el amigo que nunca falla, Jesucristo.

Esta es la limosna que, junto con la oración y el ayuno, se nos pide no solo en cuaresma sino todo el año. La limosna de cariño, en la que nos damos unos por otros en la vida familiar y en la vida de la Iglesia. «Mirad como se aman». Han de seguir diciendo de nosotros que tenemos «un solo corazón y una sola alma» el Corazón de Cristo y el Espíritu Santo.

Acudamos a San José. Él que es custodio de la Sagrada Familia, sabrá custodiar las nuestras. Nos ayudará en todas nuestras emergencias: en la educativa a formarnos bien, en la espiritual a orar y en la afectiva a querernos como Dios nos quiere. Él nos enseñará a ordenar nuestra relación con Dios por la oración, nos ayudará a ordenar nuestra relación con nosotros mismos por el ayuno y nos ayudará a ordenar nuestra relación con los demás por la limosna.

San José esposo de la Virgen María, padre y custodio de la Sagrada Familia, celestial patriarca del pueblo de Dios, ruega por nosotros.

19 de marzo de 2021
Padre Santiago Arellano

Testimonios

Este mes de San José, antes de ser publicado por escrito, se difundió a través de audios en Radio María, grupos de oración de WhatsApp y distintas plataformas digitales como iVoox y el canal de Youtube de la Parroquia Sagrado Corazón Talavera. La consagración, de este modo, ha llegado a muchos lugares de España e, incluso, ha podido realizarse en unos 15 países. Nos han llegado multitud de testimonios de personas agradeciendo favores a San José. A continuación, adjuntamos algunos.

Favores materiales:

> Tengo una empresa de viajes turísticos en camionetas, con la pandemia ya no se pudieron hacer viajes, y los seguros de las camionetas generaron muchas pérdidas sin poderlas trabajar, por lo que le pedí a San José interceder ante Dios nuestro Señor para poder vender una camioneta para sufragar gastos. Al quinto día de la preparación se vendió la camioneta. Le doy gracias a San José por su intercesión y gracias a Dios por el favor recibido. *Ángeles.*

> Mi hijo Edgar tenía más de un año sin trabajo y con la intercesión de nuestro Padre San José le concedió su

trabajo a distancia ¡Bendito San José! ¡Gracias! Todo sea para la Gloria de Dios. *Josefina.*

Más de dos años sin saber el destino de mi hermano pequeño. Seguro de su desaparición, lo entregué en custodia a San José. Quién mejor que Él sabría los detalles. Pedí su intercesión para localizarlo o localizar su cuerpo. Hoy, inesperadamente llegó a casa de mi Hermana. Una vez más, por tu nobleza, ¡gracias Patriarca San José! *Manolo*

Mi negocio iba realmente mal. De pronto me dijeron que San José, patrono de nuestra familia y padre adoptivo de Dios, le podía pedir a su hijo por nosotros. Le dije a mi esposo: recemos juntos a San José dormidos, tomados de la mano cada noche. Al quinto día mi esposo recibe una llamada, era un cliente muy importante que quería hacer negocio con nosotros y al sexto día otro cliente. Estamos salvando nuestro negocio que da empleo a mucha gente trabajando muy duro, pero con la certeza de que nuestro Patrono San José todos los días nos acompaña y le pide a su Hijo por nosotros. *Miriam.*

Oramos a San José por la fecha para una operación importante y necesaria para un amigo y nos fue concedido. ¡Bendito sea San José! *Luz.*

Compramos una casa en noviembre para remodelar y obtener su renta, al radicar en la notaría nos dijeron que estaba muy demorada en registro y beneficencia porque por la pandemia estaban represadas desde febrero del 2020. Nos preocupó mucho porque para radicar la licencia de construcción requeríamos de la escritura a nombre de nosotros. Hice una nota en la que le pedí a San José que nos ayudara a liberarla lo más pronto y se la puse a sus pies en una imagen que tengo y a los 15 días nos llamaron de la notaría para decirnos que ya podíamos pasar por ella. ¡Gloria a Dios! ¡Gracias Amado San José por ayudarnos y escuchar nuestra súplica! *Mercedes.*

Mi hijo iba a viajar a la costa. Le pedí a San José que lo cuide y proteja como lo hacía con Jesús. Al otro día mi hijo me llama y me dice que no iba a ir por el mal tiempo. Él lo cuidó y solo él sabe por que no fue. ¡GRACIAS AMADO PADRE SAN JOSÉ. AMÉN! *Verónica.*

Pedí la intercesión de San José por personas enfermas de covid y sanaron ¡AMÉN! *Marisela.*

Conocí al glorioso San José, fue una preparación muy bonita. Quería obtener un trabajo para una persona cercana y ya ha sido llamada a la entrevista inicial. Te pido que al final tenga respuesta positiva. *Mónica.*

Mi esposo había recibido como 40 inyecciones en un periodo de tres años en sus ojos, para controlar la mácula degenerativa húmeda. (El daño que causa es irreversible). Al tercer día de estar en la consagración, puse la petición a San José. Le tocó ir al siguiente día al especialista y para nuestra sorpresa y alegría, le dijo que ya no le aplicaría el medicamento porque la enfermedad estaba controlada. Gracias San José por tu bendita intercesión ante nuestro Señor Jesucristo. *Elvia.*

En la localidad donde vivo escasea mucho el suministro de agua potable, el mes de diciembre estuvimos con dos tinajas de agua por más de 20 días. Hice la petición al municipio para que me enviaran agua y siempre me dieron largas... comencé este mes de preparación y le pedí a San José que no nos faltara el agua, esa misma noche, 5 de enero, empezamos a tener agua. Le sigo pidiendo su intercesión por la conversión de mis hijos universitarios, yo creo firmemente que llegará ese día porque me ha demostrado que soy una amiga para Él, seguiré pidiendo con fervor. *Guadalupe.*

Desde junio 2020 teníamos el vehículo en reparación por una tontera que inexplicablemente los mecánicos no podían solucionar. Por lo cual llenos de frustración en octubre decidimos ponerlo a la venta. Sin embargo, todo estaba muy trabado. Invadiéndonos una gran decepción y tristeza. Decidimos al fin comenzar la preparación de la consagración a San José y ponerle como intención la venta del vehículo y la adquisición de otro, lo cual se dio a mediados de la preparación. ¡GRACIAS QUERIDO SAN JOSÉ POR TU FIDELIDAD! Y seguimos orando por otras intenciones. *Marlene.*

Con inmensa alegría puedo dar fe de las bondades de la consagración a nuestro padre San José. Estamos construyendo una casa y, por la pandemia, los recursos no alcanzan. Así que con tristeza tuvimos que parar la obra. Entonces le pedí a San José nos ayudara en esta necesidad y, a los pocos días, me llamaron para darnos la buena noticia que en pocos días nos depositan unos dineros de una venta con la que no contábamos. Gloria a Dios y a la intersecion de San José. *Isabel.*

He recibido de Nuestro San José varias intercesiones, pero la más reciente es la recuperación de la nieta de una gran amiga que estaba en UCI muy delicada. Estaba entubada con el sistema inmunológico deteriorado. Los médicos decían que solo un milagro la podía salvar. Yo estaba recibiendo el mes de preparación a la consagración a san José, le pedí directamente al Santo que le encomendaba la vida del que estaba tan enfermo, estaba muy segura que Él atendería mi súplica: Ese mismo día la llamé a la abuela de la niña y le dije: –ten por seguro que nuestra princesa se pondrá bien, solo es cuestión de tiempo. A los tres días de haber conversado, me llamó emocionada para decirme que estaba ya en casa fuera de peligro, que todos estaban sorprendidos de su asombrosa recuperación. Ahora ya está más estable y mucho mejor SAN JOSÉ INTERCEDIÓ MAGNIFICAMENTE, BENDITO SEA EL PADRE PUTATIVO DE DIOS Y ESPOSO FIEL DE NUESTRA MADRE INMACULADA AMÉN. *Yenize.*

Pedí a San José por el milagro de mi sanación de una enfermedad autoinmune en la cual tengo dolores articulares. Me ha disminuido casi en su totalidad esos dolores. *Anónimo.*

Gracias al padre Arellano por habernos permitido conocer a San José. Aunque soy católica y venero y hago mis novenas y oraciones a muchos santos nunca rezaba a San José, pobrecito. Bueno, pues, le pedí por mi hija que se quedaba sin trabajo y le han renovado el contrato por tres años más. Lo mejor de todo, es que he conocido a este gran santo y valoro su celo por el niño Jesús y por María. Hoy le considero también protector de mi familia. ¡San José, cuídanos como cuidastes a tu familia de Nazaret! *Pilar.*

Favores espirituales:

En la familia se podría decir que hubo un secuestro: mi nieta. La misma, observada y cegada por el mal, decidió abandonar a su mamá, para ir a vivir con una persona mayor. Recién se conocieron, le pegaba. Humildemente clamé a San José, clamé su ayuda, le dije lo buen padre que fue para el niño Jesús, lloré, y mi ruego fue escuchado. Transcurrido el tiempo, mi nieta volvió, había pasado cosas atroces, estaba rodeada del mal; familia con serios problemas, drogas, feminicidio y otros. San José no dejó de oír mis oraciones, dulce corazón de padre, y escuchó mis penas. Ahora le agradezco que trajo de vuelta a una joven confusa. Dios es bueno y, por intersección de San José, todo se solucionó. Siento que estamos bendecidos por el carpintero de Nazareth. Él limó las asperezas de nuestras almas e hizo ver muchas cosas en nuestros corazones. ¡Gracias bendito San José! *Roberto.*

Maravilloso, nunca había imaginado tan gran maravilla de San José; estoy fascinada compartiendo con las personas que me rodean. Me ha cambiado de verdad; siento un júbilo y siento su presencia conmigo, bendito sea Dios. Ojalá todos nos decidiéramos a sumergirnos en conocer más a San José. Muchísimas gracias. *Anónimo.*

Mi hijo se fue de la casa para vivir sin reglas, con el libertinaje disfrazado de libertad y comenzando la consagración deje en las manos de San José a mi hijo para que Él decidiera qué sería mejor para la salvación de mi hijo. Pasando el noveno día de la consagración, mi hijo me llama preguntándome que si podía regresar a casa, reconoció la mala decisión de irse, los errores que cometió y ya está en casa. Para gloria de Dios y por la intersección de San José. *Anónimo.*

Es maravilloso conocer a San José; agradecida estoy por este bello regalo, creo que ha aumentado en mí la fe. He aprendido a vivir con más confianza en Dios; me siento asistida y fortalecida con la protección de San José en cuanto a mi vocación. *Guadalupe.*

Doy gracias a San José por concedernos la gracia de que mi hijo haya recibido el sacramento de la Confirmación. Era imposible que se apuntara a las catequesis de

Confirmación. El Espíritu Santo obrará milagros en su alma. ¡Gracias San José!. *Carmen.*

Mi hijo Isidro que estaba alejado de la Iglesia me dice: gracias mamá por haberme presentado a San José, estoy haciendo la consagración. Me encanta saber de su vida. Es hermoso San José, me he hecho hincha de él. Por favor ¿me puedes conseguir unas medallas? Se las di ya bendecidas y se puso feliz. ¡Gloria a Dios! Amén. *Clara.*

Primero agradecer, y decir que si mi fe me sostenía, ahora con San José al lado siento más confianza, más alegría aún en lo difícil. *Beatriz.*

Agradecimientos a la enseñanza recibida:

Sinceramente esta preparación para la consagración a San José, hizo que me enamore de este santo de una forma inimaginable. Conocerlo gracias a los audios del padre Santiago Arellano, hizo que se despertara en mi un amor especial por San José. Tengo 41 años y recién ahora conocerlo de esta forma, me generó cierta tristeza por haber desperdiciado tanto tiempo sin conocerlo. Infinitas gracias por esta hermosa oportunidad. Y esta catequesis tan hermosa. Voy a extrañar estos audios cada mañana. *Claudia.*

Yo no conocía a san José. La gran enseñanza y aprendizaje, el cómo puedes aplicarlo en la vida diaria, maravillada con la vida de san José. *Fabela.*

Ha sido un aprendizaje como cuando iniciamos nuestro estudio de primero de primaria. Ha sido sorprendente aprender de San José en tantos ámbitos dónde se movía, todas las virtudes que lo adornan como a la Virgen María su casta esposa. Así mismo de los dolores y gozos. Teníamos a San José en un olvido absoluto, pero el Espíritu Santo sopla dónde menos lo imaginamos. Y en el Papa Francisco ha obrado portentos como dedicando el 2021 a honrar a San José. *Gloria.*

San José era un desconocido para mi. Ahora lo admiro y lo amo. Gracias por que a través de ustedes aprendí a amarlo y admirarlo. *Edna.*

Le damos las gracias Padre Santiago Arellano. Que cercano se hizo este gran Patriarca. Gracias amado San José!!!!. *Inés.*

Agradezco la preparación para la consagración a San José recibida del Padre Arellano, que me ha parecido muy enriquecedora y completa. Gracias. *Gisela.*

Gracias padre Santiago Arellano por su manera fluida de transmitir todo lo referente del santo San José, con testimonios de los demás santos y santas y devotos de San José. Estoy seguro que San José me auxiliará en mis más grandes dificultades y necesidades. Agradezco a quien me animó a orar y a seguir esta preparación de consagración al santo San José a lo cual estoy muy agradecido y estoy alegre y feliz al consagrarme a San José. Dios nos bendiga a todos. *Gabriel.*

Dios lo bendiga por enviar esta hermosa consagración. Sabía poco de San José y he aprendido mucho y nos enseña sobre la paciencia, la mansedumbre y nos da paz. *Ana.*

Estoy muy agradecida por esta oportunidad de poder consagrar mi vida a San Jose. Este tiempo me ha permitido profundizar en este hombre tan santo, modelo de padre, de hombre justo... de conocerle y aprender a amarle y de tomarle como a mi padre espiritual y guía hacia María Santísima y su Divino Hijo Jesús. *Beatriz.*

Aprendí mucho sobre San José. *Bernardita.*

Quiero agradecer al Señor que me ha permitido hacer esta preparación para la consagración al Patriarca San José. También agradecer al padre Arellano por su acompañamiento espiritual y la formación que nos fue instruyendo sobre la espiritualidad de San José, sus virtudes y la vida que llevó y los testimonios y milagros que continúa obteniendo por su intercesión a los que nos encomendamos a su patrocinio. Que Jesús, María y José lo bendigan padre y pueda dar mucho fruto de santidad en su ministerio sacerdotal. Escuchar estos audios ha sido un bálsamo de esperanza para mi corazón en medio de esta complicada y dolorosa situación mundial que estamos viviendo. *Vanessa.*

Nunca antes habría conocido la vida y obra de nuestro Señor San José como ahora nos la compartió el Padre Arellano muy clara y sobre todo con ejemplos de todos los milagros que ha hecho San José. Para mi fue un deleite escucharlo. Dios lo bendiga y seguimos escuchando lo que nos dan para un crecimiento de nuestra Iglesia. *Graciela.*

Hice un grupo de difusión de la Consagración a San José con toda mi familia esperando que algunos me dijeran que no se las enviara, pero mi sorpresa ha sido que les ha gustado mucho y se han vuelto devotos de San José y también les ha gustado como lo narra el P. Santiago. *Ireri.*

Desde niña he sido devota de San José por el ejemplo de padre y esposo. Nunca había podido seguir una consagración pero esta me tiene tan ilusionada que cada día espero con gusto su mensaje. Agradezco al P. Arellano por presentarnos la vida de San José y sus milagros. Veo la imagen de San José y lo siento de la familia, cosa que no pasaba antes. *Gabriela.*

De San José solo conocía que era padre adoptivo de Jesús y esposo de Maria. No conocía nada de su vida. Las historias narradas por el padre abrieron en el corazón de mi esposa y mío un gran amor por nuestro padre San José y seguiremos dándolo a conocer junto con sus oraciones. Esperamos con ansia el día de la Consagración. Gracias por enseñarnos a amarlo y ser sus devotos. *Jesús.*

El bienaventurado José se ganó mi reconocimiento por su papel heroico dentro de la Sagrada Familia de Nazaret. La formación que nos impartió el Padre Santiago me llevó a conocerlo mejor y a contar con su generosa ayuda. Dios sigue bendiciendo al Padre Santiago. Le doy infinitas gracias. *Yolanda.*

Índice

Made in United States
Orlando, FL
28 June 2025

62460677R00127